Andreas Sticklies (Hg.)

Lyrik 2000 S   -   Unterwelt

Beiträge aus dem
gleichnamigen Lyrikwettbewerb
2004

Titelbild: Andreas Sticklies

Lektorat / Korrektorat: Iris Harlammert

Layout: Andreas Sticklies - http://www.sticklies.tv

Andreas Sticklies (Hg.)

Lyrik 2000 S

http://www.lyrik2000s.de

http://www.lyrikpreis.info

Beiträge aus dem
gleichnamigen Lyrikwettbewerb
2004

Inhaltsverzeichnis

Gewinnerin des Jahres 2004

Dr. Sabrina Hausdörfer

aus Berlin (Deutschland)

mit

Unterwelt - triadisch

Kurzbiographie

1956 wurde Dr. Sabrina Hausdörfer in Berlin geboren, wo sie auch Grundschule und Gymnasium besuchte und an der Technischen Universität Literaturwissenschaft und Philosophie studierte (1981 Magister Artium, 1985 Promotion zum Dr. phil.. Sie hat während Ihres Studium als Tutorin gearbeitet und einige Fachbeiträge veröffentlicht. Seit Anfang 1986 ist Dr. Hausdörfer in einer Institution des Bundes angestellt und betreut zur Zeit die Datenbanken Ihrer Fachgruppe.

Dr. Sabrina Hausdörfer

Unterwelt – triadisch

1. Vakuum

Unterwegs überland
drückt Stille das
Trommelfell wund.
Das Schweigen der Grillen
härtet schnell aus
im Tiefschlaf der Winde.
Den Wolken verendet
ihr Zeitlupenzug
überm Feld.

Meine Computerprogramme
stürzen sich in ein virtuelles
Nirwana. Ich dreh mich nicht um.

Gräser erstarren so schiefgewiegt
wie schwanke Seelen am Lethe.
Der Fluß bäumt sich
vorm Meer zur Wand.

Sonnenstrahlen wissen nicht mehr
ob Welle oder Teilchen
und stellen abrupt
ihr Leuchten ein.

Der Mörder mordet nicht
ordentlich zu Ende.

So ist das ohne dich.

2. Vacuum Cleaner

Schlürft gierig Staubes
Liebesperlen in sein finstres Leer.
Schuhdreck, Kleidergeschüttel,
Haarschuppen, Lebensabrieb.
Soviel Erinnern im Dreck.

Die Madeleine ist ästhetischer.
(So lange her, seit ich
zuletzt dich hielt.)
Der Teppichboden speichert noch
Atome deines wundervoll
gelockten Rabenhaars.
Partikel meiner Haut
von Händen die mit
Lebenslinien dich berührten
rieseln nebst Tränenstaub
ins Schmutzgrau.

Im Sog des dumpfen Krachs
verwirbeln Liebesmoleküle sich
mit Hornhaut und Abschied.
So fegt & saugt & bürstet sich
zerfallnes Leben stumpf
in trocknen Dreck.

3. Drachenhort

Hinuntersteigen
in den Abgrund
zwischen dir & mir.
Wortreste, Lächeln
den Abdruck deiner Stimme
tief im Ohr
nahm ich mit mir
und meine Lyra.

Ein Ort voll Hermelin.
Er atmet Bitternis, Alleinsein
und Verlangen
und duftet dunkel gold.

Mein herber Saitenklang
verschlägt den Ratten
die Beißwut & läßt
der Stille Samthand sich
auf meinen Herzgrund legen.

Mit unerhörten Schritten
zu den Drachen fliehn.
(Nie wollt ich einen töten.)
Das Feuer ihrer Wut
lebt leuchtwund lichterloh.
Sich ducken unter einem
Schwall von Glut.
Die Kunst heißt Überleben.

Vielleicht träumt einer uns
berührt von meinem Ton
in einen Raum in den wir
unverwundbar sind.

Wo alles klarbrennt
und Lethes dummes Vergessen
sich in Erinnern klärt.
Und alles Gift des Styx
verdunstet.

Am klaren Wasser,
feuerwund im Hals,
sing ich für dich.
Das Glück ist Glut.

Die Drachen halten lauschend
ihre Flammen an.
Und laden mich zum Bad
im tiefsten Unterstrom –
in ihrem Blut.

Doch badete ich dort allein
wär unverwundbar ich
auch gegen dich.

Wo du mich anrührst
herzblut unterhaut
leb ich.

Begründung:

Als vor mehreren Millionen Jahren der Ur-Mensch aus dem Wald in die Savanne überwechseln musste, da richtete er sich auf und verschaffte sich so einen Überblick. Seine Hand wurde frei durch den zweibeinigen Gang, frei für's Handwerk, frei für die Kunst. Sein Hirn entwickelte sich enorm, denn es verarbeitete neue Eindrücke. Sein Geist wurde weit, da er zu neuen Horizonten schweifte. Er erfand die Sprache, gewaltig und bilderreich. Alles Untere galt ihm fortan als kriecherisch, schmutzig, triebhaft – und alles Obere als frei, geistdurchdrungen und erstrebenswert. Einfach gesagt, seit den Urzeiten strebt der Mensch nach Höherem.
Soweit das gängige Klischee über die Evolution von Homo sapiens. Natürlich wissen wir längst, dass alles ganz anders, jedenfalls dass alles viel komplizierter und weniger gradlinig ablief.
Dennoch – bei einem Thema wie dem dieses Lyrikwettbewerbs – Unterwelt – da kommen doch noch immer diese Assoziationen. Von den dunklen Mächten, vom Bösen, von dem, was man hinter sich lassen möchte und das einen dennoch bedrängt und Unruhe stiftet.
Unten, das ist noch immer das Alte, das Schlechte, das Dunkle, das – Tierische – eben.

Und – seit etwa hundert Jahren – kommt noch eine weitere Möglichkeit, Unterwelt zu definieren, hinzu. Seit Sigmund Freud ahnen wir, dass da noch etwas – unterhalb unseres erlebten Verstandes – ist und arbeitet, das Unbewusste eben, etwas nicht direkt Sichtbares, nur schwer Nennbares, aber etwas, das in unseren Träumen sich ausdrückt, in unseren Mythen und Märchen. Eine Unterwelt in uns selbst, so könnte man sagen.

Aber warum sage ich das? Jetzt und hier?
Weil es den Hintergrund ausmacht, von dem sich dieses Gedicht abhebt.

Unterwelt – triadisch.

Ja, durchaus, eine echte Dreiteilung bietet das Gedicht, ein Dreiklang im Thema. Die ersten beiden Teile handeln von der realen, der sichtbaren Welt, der Welt der Wissenschaft und Technik, Teil drei, als die Kehrseite, von der irrealen, der erträumten Welt, der Welt der Sagen und Wunder und Fantasien.

Auch kann man hierbei an eine Reise denken. Eine Reise im Dreierschritt, die in der Außenwelt beginnt, fortgesetzt wird im Privaten und endet in der Innenwelt. Eine Bewegung, vom Makro-Kosmos über den Mikro-Kosmos in den Mythischen Kosmos, vom Groben, übers Kleine, ins Feinstoffliche, eine Fahrt ausgehend vom objektiv Erfassbaren, über das wahllos Deutbare, hinein ins subjektiv Erlebbare.
Ganz so einfach ist es dann nun doch nicht. Denn von vornherein ist diese Reise eines, nennen wir es klassisch, Lyrischen Ichs, eindeutig subjektiv gefärbt, die Grenzen zwischen real und irreal sind durchlässig, wir sind hier schließlich im Reich der Poesie.

Und obwohl Teil eins mit Vakuum überschrieben ist – also eine Art Nichts behauptet – zeigt schon die erste Zeile, das da doch etwas ist. Ein Thema, ich möchte fast sagen, brillant, eingeführt:
Zwei Wörter der Alltagssprache bilden die erste Zeile, doch ihre Zusammenstellung macht den überraschenden Sinn aus. Unterwegs überland – da wird es uns nun schon gesagt: Unter dem Weg – über dem Land. Unter unseren Füßen lebt etwas, über unseren Köpfen schwebt etwas. Doch zunächst wird uns ein Stillstand gezeigt, eine Leere, ein Vakuum eben.

Im zweiten Teil wird dieses Vakuum entsorgt, der Staubsauger kommt zum Einsatz: Vacuum cleaner ist er mehrdeutig überschrieben. Eine Spurenanalyse beginnt, man möchte an Tatorte denken und die mikroskopisch kleinen, verräterischen Rückstände geheimer Aktionen, oder an den wissenschaftlich sezierenden Blick auf die winzige Mikroben- und Milbenwelt.

Im dritten Teil – im Drachenhort – , wobei Teil drei in etwa die Länge der beiden ersten erreicht, und das nicht zufällig, kommt das Gefühl zu seinem Recht, in wortstarken Sprachbildern, neu zusammengestellt und gestaltet.

Ja, schon, es sind die alt bekannten Bilder der Sagenwelten, der Unterwelten eben, der Todesflüsse und der dunklen Wege und der Drachenhöhlen, dennoch erscheinen sie neu gesetzt, als Spiegel des Realen und als Versuch, dem Unnennbaren ein sprachliches Gesicht zu verleihen. Wie es der Mythos seit jeher so tut.

Wozu aber all dieser Aufwand an Sprache, an Bildern? Das fragt man sich häufig bei so manchem Literaturprodukt. Dieses Gedicht liefert uns die Antwort direkt mit. Schlicht und einfach.
Bereits am Ende des ersten Teils:
So ist das ohne dich.
Punkt.
Die Trennung, die Einsamkeit, die Verlassenheit, der Schmerz, sind das Thema, ein altbekanntes Thema.
So ist das ohne dich.
Aber dieses Gedicht entgeht der Falle, in die man so gerne tappt, bei diesem Thema. Es sagt nicht, mir geht´s schlecht und du bist schuld, weil du nicht da bist. Es versinkt keineswegs in weitläufig angelegtes Selbstmitleid. Dazu ist der feine ironische Unterton nicht bereit.
Und er ist analytisch dazu.
Denn nur im ersten Schritt bewirkt das Verlassensein den Eindruck eines erstarrten Lebensraumes, im zweiten den Zerfall der privaten Erinnerung, im dritten Schritt aber bleibt als Rest eben nun kein Vakuum, sondern ein loderndes Gefühl.
Ein Gefühl der Verwirrung, des Absturzes, des Protestes.
Ein Aufschrei gegen die Zumutung der Verletzung.
Verletzung bedeutet hier nicht unbedingt Stillstand und Tod. Sie kann auch zu einem Zeichen für den Widerstand des Lebens werden.
Nur dadurch, dass die Liebe schmerzen kann, ist sie wirklich.
Selbst das extremste Gefühl ist nicht ganz eindeutig – es hat mehrere Seiten.

Viele überraschende Sprachbilder enthalten diese Mehrdeutigkeit. Und bauen eine eigentümliche Spannung auf:
„Die Drachen halten lauschend ihre Flammen an. Und laden mich zum Bad im tiefsten Unterstrom."
Man könnte nun Zeile für Zeile durchgehen. Um schließlich dem Ende zustimmen: Wo du mich anrührst... lebe ich.
Die Jury jedenfalls denkt, ja, das ist so, das gilt, für die echte Poesie sowieso:
Wo du mich anrührst... lebe ich.
Und sie ist überzeugt vom Spiel der Worte, vom Witz der Bilder und von der scheinbar klaren und doch so vielschichtigen Struktur dieses Gedichtes und verleiht deshalb

Dr. Sabrina Hausdörfer für

Unterwelt – triadisch

den ersten Preis.

2.Platz

Nicola Quaß

aus Nürnberg (Deutschland)

mit

Orangenmädchen

Kurzbiographie

Geboren 1974 in Wetzlar. Studium der Rechtswissenschaften in Marburg.
Seit 1996 Mitglied des Bundesverbandes junger Autoren. Veröffentlichungen
von überwiegend journalistischen Beiträgen in Zeitungen und Erzählungen in
Literaturzeitschriften. Teilnahme an Lesungen im Raum Köln/Bonn.
Arbeitsschwerpunkte: Erzählungen, Kurzgeschichten, Gedichte und
Liedtexte. Derzeitige Arbeit: Novelle über eine Liebesbeziehung in Ägypten.
Nicola Quaß war von 2001 bis 2005 als Wirtschaftsjuristin in Duisburg tätig.
Lebt und arbeitet jetzt in Nürnberg.

Nicola Quaß

orangenmädchen

in der pfütze steht ein
mädchen mit orangen in der
hand es regnet blaue
löwen, und der wind treibt
blätter in ihren
schoß alles was sie glaubte zu
verdecken liegt jetzt
bloß im wolkenleeren teich

sein atem stinkt nach
blei und klebt betrunken an der
häuserwand wie fahnen winken
leinen ihnen zu die
ecke ausgefüllt mit leib und
galle gibt dem erddruck
nach aus dem kellerloch gellt eine
katze und irgendwo zwischen kippen werden
kinder auf dem herd gemacht

wolken schleichen über
dächer hängen sich an sattelitenschüsseln
auf und im freiheitsrausch stürzt eine
schwalbe in vergilbte
fensterscheiben der wind spuckt sauren
regen auf ihre wunden
lippen treibt sein glied zum
pfeil gespitzt
in abgestumpften saum

in der pfütze liegt das
mädchen ganz leicht
gefaltet im feuchtem hemd das
blut in gebrochenen adern
gegossen bleibt stehn bleibt einfach
stehn unter schwarzer haut
vergessen aus ihrer
hand pflückt er orangen verdorrt in
winterlicher dürre und lacht und
lacht und irgendwo in ihrem kopf sitzt
afrika und treibt seine herde an

Begründung:

Ein Mädchen aus Afrika, das ihre Hoffnungen mit in das kalte Land gebracht hat. Ein Mädchen am Boden der westlichen Gesellschaft, in einem Asylantenheim vielleicht, in dem sie sich zwischen Erbrochenem, Trunkenheit und Gewalt ihre Sehnsucht nach Freiheit erfüllen will. Ein Mädchen wie verloren zwischen Regenpfützen, mit den Orangen ihrer Heimat in den Händen - mehr hat sie nicht mitgebracht aus der Ferne, ein paar Träume vielleicht, Bilder von blauen Löwen zum Beispiel. Am Ende liegt sie geschändet und ermordet in einer Pfütze - das Orangenmädchen.

... hat ein Gedicht über eine Unterwelt geschrieben, die in unserem Land kaum wahrgenommen wird. Was wissen wir über diese Welt? Wenn ich von Recklinghausen-Süd nach Herne fahre, passiere ich auf der rechten Seite so eine Unterwelt, ein Lager für Menschen, die auch ihre Orangen mitgebracht haben und nun zusehen müssen, wie sie ihnen in den Händen verdorren. Asylantenheim - ein Zaun, einige schäbige Buden, ein paar fremde Gestalten wie Schatten. Wenn ich in die andere Richtung fahre, von Süd in die Innenstadt, liegt auch so ein Lager auf der linken Seite. Ich weiß nichts über die Menschen dort, aber man sagt: Hier geht man besser nicht allein vorbei.

Es gibt mehrere Lesarten für den Begriff "Unterwelt".

- Unterwelt im Sinne einer Welt, die unter der bekannten Welt liegt, unterirdisch etwa - das erinnert an griechische Mythologie, an das Übersetzen aus dem Reich der Lebenden in das Reich der Toten - viel ist darüber schon gedichtet worden, nicht nur von den alten Griechen aber die Welt unter unserer Welt ist uns noch immer fremd. Wir haben eine Vorstellung von ihr, weil Dichter sie uns ausgemalt haben, aber die Angst vor der Unterwelt haben wir noch immer nicht verloren. Wir pfeifen noch immer, wenn wir in den dunklen Keller gehen.

- Unterwelt im Sinne von Mord und Totschlag. Da fallen einem Namen ein, Al Capone zum Beispiel. Auch diese Geschichten sind tausendmal erzählt - in Mordgeschichten und Holllywood-Streifen. Unterwelt - das Zerrbild unserer Welt, in der alles böse ist und in jedem Augenblick ein schwarzer Wagen an dir vorbeifahren kann und im nächsten Moment wird daraus das Feuer auf dich eröffnet. Am Ende aber kommt alles wieder ins rechte Licht - die Helden erscheinen auf der Leinwand und sorgend dafür, daß die Bösen ihre gerechte Strafe erhalten. Am Ende ist alles wieder ganz weiß und geordnet und lieb.

... sagt mit seinem Gedicht, daß am Ende gar nichts lieb und geordnet und ganz weiß gewaschen ist. Das Mädchen mit den Orangen ist tot, und es kommt niemand, der das alles wieder richtet. Die Orangen verdorren und niemand sorgt für Gerechtigkeit. Aus diesem Gedicht geht man nicht so sauber gewaschen heraus wie man hineingekommen ist. Die Unterwelt ist gleich um die nächste Ecke. Vielleicht ist sie sogar in mir und in dir und in uns allen. Oder lassen wir nicht zu, was da in unserer Nachbarschaft geschieht? Schauen wir nicht weg? Ein schwarzes Mädchen stirbt - sein Mörder ist noch auf freiem Fuß, aber wer schert sich darum. Es war nur ein schwarzes Mädchen, das mit Orangen hierherkam und von einem besseren Leben geträumt hat. Jetzt ist es tot. Schicksal. Ende.

... erhält den zweiten Preis im Lyrikwettbewerb Lyrik 200S, weil dieses Gedicht unter die Haut geht. Weil es nicht gefühlsduselig auf Mitleid macht, sondern uns die Realität unserer Unterwelten vor Augen hält. Weil es sprachlich anspruchsvoll ist, ohne sich dessen rühmen zu wollen. Weil es erst in den Kopf und dann unter die Haut geht.

3.Platz

Tobias Lewkowicz

aus Berlin (Deutschland)

mit

Dann wird mir immer ein wenig kalt am Rücken

Kurzbiographie

Tobias Lewkowicz wurde am 10. Mai 1984 in Berlin geboren. 1990 wurde er in die Grundschule „Am Ritterfeld" eingeschult. Sechs Jahre später wechselte er auf die Lily-Braun-Oberschule (Gymnasium), die er im Juni 2003 mit dem Abitur verließ. Die Sommerferien 2001 verbrachte er in Amerika, wo er sich an seinem ersten Theaterstück versuchte. 2003 wurde Herr Lewkowicz zum Literaturlabor Wolfenbüttel der Stiftung Niedersachsen eingeladen. Ein Jahr später beteiligte er sich an dem Gedichtwettbewerb um das deutsche Gedicht 2004 und wurde in die Anthologie „Bibliothek Deutsches Gedicht" aufgenommen. Des Weiteren wurde er zum Wannseeforum 2004 eingeladen, um dort weitere Erfahrungen im Umgang mit Lyrik zu sammeln. 2005 Beginn mit dem Medizinstudium.

Tobias Lewkowicz

I

Dann wird mir immer ein wenig kalt am Rücken,
weil ich abends auf einer karierten Decke liege
& an Dich denke.

Ich bewege meine Sonnenstrahlen unter Dir.
Erkläre, daß Du sie nicht fangen kannst,
weil sie eigentlich nicht mir gehören,
sondern rechtmäßig der Sonne
& sie bloß mein stumpfes Haar
strahlen lassen.

Ich sammle Kastanien,
stopfe sie mir braun in den Mund
& in die Taschen.

Mit ihnen bin ich schwer geworden,
daß ich an keinem einzigen Schilfhalm
mehr hochkrackseln kann.

Es ist dunkel geworden;
Du läßt los;
Ich falte ein Gesicht, nimm es mir,
es ist für Dich.
Ich bleibe allein unter Dir.
In einer lächerlichen Welt.

II

Immerdar liegende, karierte Decken;
Kaltrücken-Flüche.

Dazu Sonnenstrahlenbewegung
Unter der Haut.
In den städtischen Arterien
Und den ländlichen Venen.

Das Fangen erklären.
Die Sonne bevorzugen
& stumpfes Haar übertönen.
Unter Dir weltwandern.

Lachen,
den Kastaniensammlern
das Maul stopfen
& die Taschen.

Aktionslahm fettgeworden.
Dir ein Blatt Papier knicken
& einen miesen Witz antun.

III

Dich-Denken zu:
Sonnenhaarerklärung
Schilfshalmgewinsel bei:
Trockenen Luftküssen
zum gefalteten Kastaniengesicht;
bleibe ich allein:
Lächerliche Unter-Dir-Welt.

Begründung:

Das Gedicht besitzt keinen Titel. Dann wird mir immer ein wenig kalt am Rücken ist vielmehr die erste Zeile des Gedichtes. Und in der Tat, spürt auch der Leser, wie im Verlaufe des Werkes von Tobias Lewkowicz, immer mehr Kälte die Oberhand gewinnt. Das Gedicht besteht aus drei Teilen. Es gewährt uns Blicke aus drei verschiedenen Zeiten und zeigt uns Bilder einer Gefühlswelt, die uns nur allzu bekannt vorkommt.

Indem sich die sprachliche Komposition von einem zum nächsten Teil verändert, wandelt sich auch das Bild, welches man vor Augen hat. Es gelingt dem Autoren, die Richtung zu wechseln und dabei an den Kernstücken der einmal gebrauchten Zeilen festzuhalten. Nur der Wert der einzelnen Worte oder Wortbestandteile variiert von einem Teil des Gedichtes zum Nächsten. Und noch ein besonderes Merkmal bestimmt das Gedicht von Tobias Lewkowicz. Mit abnehmendem positiven Gefühl, nimmt auch die Länge der Zeilen ab, bis am Schluss nur noch komprimierte Wortgeflechte übrig bleiben. Für dieses wirklich gelungene Kunststück hat die Jury das Gedicht von Tobias Lewkowicz auf den dritten Platz gewählt.

4.Platz

Carmen Caputo

aus Iserlohn (Deutschland)

mit

lyrische entstehung der unterwelt. tagebuch.

Kurzbiographie

Jahrgang 1965, in Iserlohn lebend, schreibt seit 1995, Mitglied der Autorengruppe „Federstift". Zahlreiche Veröffentlichungen von Lyrik und Kurzgeschichten. Lyrikausstellungen und Lesungen. Italienische Leseabende. Herausgeberin von Pablo, kostenlosen Cafehausblättern. Literaturpreise: 2002 Preis KUI-Literatur, Iserlohn; 2004 Preis Internationaler Literaturpreis Fürstenwalde Deutschland / Polen / Russland; 2004 Preis Märkische Krimigeschichte, Märkischer Kreis; 2004 Preis Kurzgeschichten Wettbewerb Tropen Verlag, Köln „born to write". Rundfunk: 2003 Interview in der lokalen Radiosendung „Menschen unserer Stadt"; 2004 Lyriklesung „Radio Unerhört" Marburg. Carmen Caputo arbeitet zur Zeit an einem Buch über einen süditalienischen Emigranten und einem Lyrikband.

Carmen Caputo

lyrische entstehung der unterwelt. tagebuch.

vorher.

ich trinke.
noch weilen blüten in der wiese hinter den dächern, und
großmutters stimme, in ihrem ruf schmeckt pflaumen
kuchen nach, den milchschaum hoch angesetzt, gemuldet
von braunem staub.

blickwechsel 1.

strasse.
die strasse.
betrunken vom lärm geordneter gärten. der strasse. unter den
wolken. vogelzug. jahr für jahr. ein fortziehen. und den jägern
entfliehen.

blickwechsel 2.

flügelschwingender fledermäuse. ultraschall hoch. treten gegen
die dämmerung an. weder weidenwälle noch wachtelschrei. der
letzte regen vertropft sich gerade.
in brokat.
nichts. nichts. bringt dem tag die nacht zurück.

mitten drin.

in den weiten.
keine dohlenstimmen. durchspeeren dunkelheit. unablässig
   heiß, begierig, ohne laut liegen sie. pflasterunterhalb.
nicht einer darüber. stirne auf schweiß gestellt. nur weite.
umspült seine wäsche im straßenheer.

blickwechsel.

strasse.
die strasse.
sahen ihn nicht mehr, nicht den kirchturm, er schwärzte ihnen
sein leid. sie im atmen schwer mit eilig untersohlten füßen suchten
nach einem nachtplatz. im unteren schatten.

nachgeschmack.

falter sind hier nicht zu sehen. nach hinten weltengarten
wo die gefühle unter lehmiger erde faulen. niemand. möchte
wieder blumen pflanzen. einmal stein und angst gerochen.
zwischen
mannsein und flucht. schwall von erster lust beschwichtigt.
nachgeschmack von freiheit heimkehren lassen.

Unter-Grund

Begründung:

lyrische entstehung einer entscheidung

vorher.

trinken wir kaffee.
noch plaudern wir über das wetter.
wie lecker der käsekuchen doch wieder schmeckt.

blickwechsel 1.

gedichte. gedichte. gedichte.

blickwechsel 2.

gedichte werden weniger.
die spreu vom weizen.
alliterationen. metaphern
bilder, die im kopf bleiben.
neue perspektiven. neue wege.

mitten drin.

essen wir russisches brot.

blickwechsel 3.

platz vier.das tagebuch.
lyrisch verdichtet.
der weg in die nacht.
in das unterbewusstsein.
zu den nachtgestalten.
je nach betonung.
ein neuer blickwinkel.
eine neue möglichkeit.

Martin Gehrigk

Geboren 1955, 11 Jahre klassische Klavier-Ausbildung, Gitarre als Autodidakt, 5 Jahre Kirchenorgel-Ausbildung Studium Musikwissenschaft/Germanistik. Ab 1982 zahlreiche Auftritte als Liedermacher (Solo, im Duo und als Trio), zuletzt mit dem Programm „Ich denke, also sing ich".

Gesangsausbildung zuerst bei Gabriele Frece (Gladbeck), jetzt bei Regina Ebinal (Hamburg, Vocaline), mehrere Workshops mit den New York Voices in den Fächern Solo-Gesang, Improvisation, Arrangement.
Komposition von: Hörspielmusik, Theatermusiken für ein Puppenspiel und Musicals (vom Kinder-Musical bis hin zur großen Produktion „Romeo und Julia" auf den Original-Text von Shakespeare bzw. die Versübersetzung)
Mitwirkung als (Solo-) Sänger in den verschiedensten Projekten.
„Glück ist ein verhexter Ort" ist das vierte Solo-Programm und das erste mit Vertonungen von Gedichten bekannter Autoren.
Großprojekt mit mehr als 300 SängerInnen im September 04 im Gasometer Oberhausen mit einer Vertonung des Gedichtes „Über allen Gipfeln ist Ruh…"

In Marl und Umgebung bekannt auch durch die Arbeit als Musiklehrer an der Willy-Brandt-Gesamtschule Marl. Zahlreiche sehr erfolgreiche Musikprojekte.
Überregional Beachtung fand vor allem das Musical „Romeo und Julia", komponiert auf den Original-Text von Shakespeare.

http://www.martin-gehrigk.de

Weitere

ausgewählte

Gedichte

Ingeborg Bauer

zwischen Himmel und Wasser

zwischen Himmel und Wasser
die Erde - darunter
darüber: unsere Projektionen

Unterwasserwelt römisch:
das Leben als Spiel
der Tanz mit Delphinen
löst aus Erdenschwere
ein Bild des Paradieses
im ansonsten
unzugänglichen Meer

Unbewusstes strömt
aus den Wurzeln
Osmotisches Steigen der Säfte
Bilder einer ahnungsvoll
erfahrenen Sprache
auf den Projektionsschirm
unserer Träume geworfen

zurück zum Wasser
zu Charons Nachen
unausrottbar die Hoffnung
einem möge die Rückkehr
gelingen   zu durchbrechen
die Schranken   Durchlässigkeit
von Unten und Oben:
engelgleich wachsen
ins Himmelsblau

Manfreda Bendrien

in die Trümmer
vergangener Kriege
hinabgestiegen
fand ich
das verlorengegangene Bein
meiner Puppe
ich ließ es liegen
wie eine Blume
auf einem Grab

Doris Bewernitz

unterwelt

wenn im kalten morgenregen
müde menschen sich bewegen
wenn sie schweigend um sich blicken
stumm sich durchs gewühle drücken

wenn in dunklen u-bahn-gängen
sich verschwitzte körper drängen
wenn wie düstre stammeszeichen
schriften auf den scheiben bleichen

wenn in finstren tunnelschächten
blasse mädchen zöpfe flechten
wenn die u-bahn kreischt und kracht
grad als ob ein dämon lacht

wenn wie eine horde schafe
man sich schlängelt halb im schlafe
und dies gilt als privileg
nennt man das den arbeitsweg

Licht am Ende des Tunnels

Sebastian Biber

Als mich die Muse verführen wollte

Es gibt dort unten
in der Beckengegend
einen Ort den nennt sie
Unterwelt
Ich weiß nicht, was sie damit meint
sie sagt ihr wäre
grad nichts andres eingefallen
in den Sinn gekommen
auf die Schnelle
denn morgen ist die Welt zu Ende
wie sie sagt
der Zug zur Ruhmeshalle
wartet nicht
- Einsendeschluss -

wie sie das machen will
frag ich
sie sagt ganz einfach
lass das Metrum stets beiseite
schreibe sehr geheimnisvoll
und benütze kurze Verse
erwähne gar den Holocaust
(Schreckliches bewegt Juroren)
und verzichte auf den Punkt
das Komma und die
Strophe
nütze Adjektive massenweise
und auf diese Weise
erreichst du dann das große Ziel

nachdem sie das gesagt
schweigt die Frau
sieht mich an
kommt zu mir rüber
ich denke noch sie ist so
unbeschreiblich weiblich
so feminin und graziös
und plötzlich haucht sie
schon ganz nah an meinen Lidern
es muss sich gar nicht reimen
nur so scheinen
als wäre es
genial gemacht
streicht mein Gesicht
berührt mit ihren feuchten Lippen
meine Stirn dann meine Nase
komm lass uns meine Unterwelt erforschen
Begriffe suchen die noch keiner kennt
und letztlich
Ruhm und Preisgeld ernten

und als sie ihren Gürtel
von der Taille zieht
lautlos und kokett
entschwindet sie mit einem Lächeln
und lässt mich einsam und allein
mit kalten kahlen Versen in der Welt
zurück

Peter Bisovsky

der gang

der gang vor mir
abwärts spiralig schneckenartig
ich muss ihn gehen
glaube dort unten sei irgendwas
nach dem ich mich sehnte
und ich gehe
der boden ist rutschig
die wände sind schräg und glitzern
kann nicht erkennen
ob es edelmetall ist oder katzensilber
dann bin ich unten
und dort ist gar nichts
rein gar nichts
plötzlich sind sie alle um mich
sagen mir hier sei nichts
das hätten sie mir gleich sagen können
ich hätte sie nur fragen müssen
und warum ich sie nicht gefragt hätte
fragten sie und wenn ich es jetzt täte
frage ich
dann würden sie sagen
dass das was ich suche
das besondere
das außergewöhnliche
das nach dem ich mich immer gesehnt hätte
das sei oben
ganz oben
ich sei am beginn
achtlos daran vorbei gegangen

und ich beginne wieder
hinauf zu gehen
alleine
ja ganz alleine
weil wenn du jemand brauchst
geht niemand mit dir
auch nicht im traum
es ist beschwerlich
weil der boden
wird immer glitschiger
aber endlich bin ich oben
dann stehen sie oben
alle
wieder alle
und ich frage
wo es sei
und sie sagen
ich hätte sie falsch verstanden
sie hätten nicht gemeint ganz oben
nein ein stückchen weiter oben
hätten sie gesagt
also eigentlich fast unten
aber es sei wirklich und wahrhaftig
genau das was ich mir ersehnte
ich frage sie
ob sie denn wüssten
was ich mir vorstellte
was ich mir wünschte
wovon ich träumte
aber da sind sie schon wieder weg
alle weg
und ich versuche es noch einmal
und nochmals
und wieder....

Gunther Dietrich

aufzeichnung eines todes

der löwe brüllt gesetzlich seinerseits sein oder nichtsein
das ohr navigiert ungleichmäßig
durch das gleichgewicht der glaubwürdigkeit
die unendlichkeit als geburtshilfe

der grabenbruch der gottergebenheit der globalisierungsgegner
bringt glücklicherweise die götter der unterwelt zur wirksamkeit
zornig auf die undankbarkeit und unentschiedenheit
der menschlichen natur

entsprechend einer meinungsumfrage richtet die angst
als mittlerin der monotonie vergewaltigend den weg
hin zur apokalypse und argumentiert so artgerecht
den eigenen untergang

das volkslied ist inzwischen irritierend im vordergrund
um den ablauf zu stören und wird zum weitverbreiteten bestseller

das ich wird offiziell ins kishuali übersetzt

Geburt

Dominik Dombrowski

Cinelux aeterna

Laßt mich nicht hinter den leergeschossenen magazinen zurück
Ihr lichtgewebten hebt mich nicht aus eurem atemlosen glück
Gebt mir ach gebt mir nur noch die eine minute seht doch die
Wandernden schriften der verkündigung seht doch noch einmal
Schwingt der golden gate bridge indianer den draht
Dann schießen wir samenfall die wolfsrudel in die stadt
Rattenkinder spielen im aas des obdachlosen wer ist der
Was bin ich
                        Ich schwörs in einem weißen laken
Läg ich hier fiele jetzt ein beil ins bild
Aber da bist ja du ja du mit der ruhe der totenlichter du
Und ganz ohne theater wie du mich um die
Werbeblöcke trägst jesus das machst du gut
Siehe ich komme
                        Ich komme im lichtstaub
Dann stirbt die ganze welt unter orchesterklängen
Das ist in ordnung schon laufe ich die marmornen stufen
Hinauf in einen weiteren tag des todes du aber warst
Unglaublich gut zu mir denke dir vorgestern noch leckte ich
Die grauen innenschenkel marlene dietrichs jetzt kann ich mir
Ein leben mit ihr schon gar nicht mehr vorstellen

Andreas H. Drescher

Fast

nachtsponchos ein

gefaltet auf dem Plastikpferd da

runter Flossen nach Not

en kopf

über ein einbeiniger Mond

mann als winzige Loo

pingbahn zu Lack

schäden vom Wasch

kies die Geschichte von Lilli

put in der dicken B

rille eine vers

chrammte Lok die schließ

lich doch noch - - un

d diese wund

erbare Seilbahn deren Grün zu kurz

für je

des Fenst

er bleibt in dies

er bunten Ki

s

t

e

Nora Dubach

Lieber wäre ich
unter der Welt,
als hier
in dieser,
als auch auf ihr.
Die Welt,
der Unterwelt
die hier oben
vom Bösen
regiert wird.

Noch werde ich
zwischen Beiden
verweilen, leben,
rätseln, bevor ich
in die Unterwelt
der guten Gefühle
hinabsteige.

Unrecht hat man
ihr angetan
denn über ihr brodelt
der Hexenkessel

wer darin rührt,
davon isst
macht sich mitschuldig
durch Habgier
durch Neid.

Wer zum Teufel
kennt sich aus,
in und unter
der Welt

Zwischenwelt

Christian Einig

Unterwegs

als Sammler
geheimnisvoller Erlebnisse,
ein Forscher im System Dasein
auf der Jagd nach dem schönen Augenblick:
ewiger Schüler, ewiges Kind.

Allein die Tatsache meiner Reise
erübrigt doch alle Fragen
nach dem Ziel und Wieviel?
Vergänglichkeit macht mundtot,
kleidet gleichsam jede Fahrt
vollkommen angemessen ein.

Leben im Sieben-Tage-Raster,
jedem davon gib einen Namen,
um Dir selbst Beständigkeit vorzugaukeln:
die Illusion von Sicherheit
in einem Film,
der sich nicht zurückdrehen läßt.

Harmlos gerahmte Momentaufnahmen,
die unser Chaos bloß dokumentieren:
kollektives Treiben
im Schlamassel unserer Zeit,
plötzlich konserviert in Hochglanz.
Angst vor Papier.

Sitzen im Wartezimmer, aber:
desto näher diejenigen saßen,
die inzwischen wegstarben,
umso zermürbender die Frage,
ob man nicht längst hätte aufstehen müssen.
Oder wer ist "Nr.1/2017"?

Rotpest

Kathrin Elfman

Jede Nacht

Zeit fließt nicht,
schon lange nicht mehr.
Sie schmilzt sich ihren Weg
durch gefrorenes Sein
und bringt es in Bewegung.
Alles ist,
und wir sind -

(eine Welt voneinander entfernt)

Zeit, sich zu ergeben.
Über die Grenze der Angst
verlasse ich die Welt
des Wollens und Denkens
jede Nacht
und suche Dich -

(auf der anderen Seite)

sternenloses Schwarz enthüllt,
was Tageslicht verbirgt.
Kein Wollen mehr, nur Sein.
Ich kenne den Weg,
ging ihn jede Nacht
allein.
Ich sehe Dich und weiß -

(Du gehst ihn zum ersten Mal)

lass es geschehen.
Hab keine Angst,
wenn Dein Herz nun
zu namenloser Wut erstarrt
das Tor zur Hölle öffnet -

(Spürst Du meine Hand?)

Engel fliehen,
Himmel brennen.
Dämonen ziehen
gegen Herrscher
und es geschieht.
Dein wehrhaftes Ich?
Lass es los -

(ich liebe Dich)

Leben sind vergangen.
Welten verbrannt
Abgründe erkundet
die Teufel gebannt,
unsere Seelen vereint.
Unsterblich
finden wir den Weg zurück
und erwachen -

(eine Welt voneinander entfernt)

ein neuer Morgen
im Wollen und Denken.
Der Weg ist nicht mehr,
das Tor geschlossen,
Magie gefroren zu Realität.

Doch alles ist.
Wir sind.
Jede Nacht.

Hajo Fickus

die unterwelt beginnt im zweiten stock (für yasemin)

für yasemin
beginnt die unterwelt im zweiten stock
wenn sie von der schule nach hause kommt
geht sie die zwei treppen hoch
und verlässt unsere welt

beschimpfungen weil sie sich ein handy wünscht
schläge weil sie mit einem klassenkameraden gesprochen hat
prügel weil sie zu widersprechen wagt

doch bald wird es zu ende sein
dann wird sie zurückgeschickt
in das land der väter
zum heiraten

der bräutigam
zwölf jahre älter
ein bauer aus anatolien
wartet schon

auch über den preis ist man sich einig

Gerald Fiebig

mine

(am rande der schürfung tasten
durch aus den steinen gewaschenes schwarz)

die gelben lampen taumeln im hohlraum;
strom, der durch die herzgrube zittert:
schlagwetterleuchten in der erznacht
belichtet den streifen des negativhimmels,
der den blindgang verspannt.
das taube gestein wird geädert
vom rauschen des bohrstaubs
/
& das rauschunterdrückte schweigen stürzt ein:
der wetterschlag hallt an die schachtwand;
wasser bricht hinter die linse,
auf die lichtlose tasthaut:
ertrunken unter dem himmel.
unterdruckhammer voll moder: die nacht.
verschimmelt das luftdichte herzschott.

Jürgen Flenker

schattengrenze

I
nicht zu klären ob dies lichtgerinnsel
im mond noch oder in der sonne schon
seinen ursprung hatte dieser dünne morgen

ziellos streunend überm rost der stadt
wie hingegossen eine zweite haut
aus nebel die das sterben länger frisch hält

für jene in den frischgestärkten kissen
jenseits des abraums im letzten paradies
wo angst versinkt in sündhaft teuren schlaf

und du vergräbst den hals im mantelkragen
auf ausgetretenen wegen vor dienstbeginn
oder danach wer kennt den unterschied

der tag ist kalt und entzieht sich jeder befragung
ein fetzen himmel noch wie ein leiser vorwurf
und aus der tiefe kriecht ein warmer dunst

II
denn das ist jetzt die zeit hinabzusteigen
mit hadesstiefeln tief ins reich der ubahn
den kalten neonspuren nach vermummt

in austauschbaren kolonnen dutzendgesichter
tunnelblick die nase wittert noch
die alten saurierpfade nebelfern

so siehst du aus wie all die andern hier
dicht an der schattengrenze diskret vernetzt
mit ewigen wiedervorlagesystemen

strichcodemünder zentralverriegelt das sodbrennen
hinter den schlagzeilen auf kleiner flamme du ahnst
der weltenbrand ist längst beschlossene sache

auch sonst herrscht ja kein mangel an vergeudung
ein blickkontakt entzündet eine ahnung
von kargen vorstadthöllen nahkampfgebieten

III
lautlos saugt sich der zug ins röhrengeflecht
knochen ahnst du reste fossilen gesteins
die toten von morgen zerfallen unmerklich wie du

und alles geschieht hinter glas das kommen und gehen
die messerscharfen schnitte der lautlose rhythmus
der wagen das rollen ein pulsschlag schlecht imitiert

schon gleitet dein blick von lasierten wänden erst hier
beginnen die konturen zu zerfließen
groteske schatten wie aus alten filmen

die liebe aber lächelt an jeder station plakativ
ein augenaufschlag zwischen zwei tunneln
und keine zeit mein freund dich einmal zu wenden

IV
gelassen zieht die ringbahn ihre kreise
besteh nicht auf einer mitte das zentrum beginnt
an den rändern und immer bleibt die fragwürdigkeit der balance

auf schalensitzen der modrige fluss der gedanken
stößt hart an felsige ufer müde passanten
ein schweigen wie des aufruhrs letzter schrei

und wieder reihst du dich ein auf markierten wegen
und lässt gegen den drohenden daseinshunger
abgekupferte münzen auf der zunge zergehn

Pauline Füg

nicht wir

du öffnest deine pupillen
halbwegs der wimper
scharrst deine geknickte zeit in hinterhöfe
bis dich das grau kratzt
brich nicht aus, schrei ich mir ins eigene ohr, warte
aber das blau war überstrichen
und die blicke schon nicht mehr frei

in paris, sagst du, da könnten wir
in der katakombenwelt leben
aber sterben
würden wir [-]

in den rinnsteingullis
bei den kaugummis und den 1-cent-münzen;
erst verlieben wir uns
dann verlieren wir uns: die spiegel hängen zu hoch
das grillenzirpen in meinem haar verblasst
flitterfliegen kriechen die zerfiederten vorhänge
dir an der wand entlang

- aber nicht wir - sage ich - aber nicht wir -
in paris
da feiern sie
in anderen welten

du ziehst mich mit
atmest unter laub und vergessen
in die lücken der tür
mir kriecht asphalt durch die hände
: das, was von deinem auge
in meines scheint, mauerbruchsteinern
du ziehst mich runter

in paris
da würden wir in den katakomben feiern
aber sterben würden wir dort
nicht

was wir nicht sehen
ist orange über den dächern
der mond
den sie von feld geerntet haben mit den resten des sommers
die krähen verschwenden ihre flügel
breiten ihre schwingen
und fallen zu boden: wintervogelzahm

in paris
da male ich mir jahresringe um die augen
ich sterbe hier nicht
halle ich durch die gänge

Ina Gaworzewski

Das Leben fängt doch gerade erst an

Es klingelte an der Tür,
und ich überlegt noch,
wer stört mich in tiefer Nacht.
Ich öffnete,
da stand der Tod vor meiner Tür.
Ich erkannte ihn sofort,
denn er trug eine Axt über der Schulter
- übrigens sah er sehr gut aus.

"Entschuldigen Sie, schöne Frau,
dass ich Sie störe zu später Stund´,
doch ich bin gekommen,
Sie zu holen.
Ihre Zeit ist vorbei."

"Was, jetzt um diese Zeit?
Und wieso ist meine Zeit vorbei?
Das Leben fängt doch gerade erst an
so richtig Spaß zu machen.
Ich erkenne endlich,
warum die Sonne im Osten aufgeht
und nicht im Westen."

"Ja", erwiderte der Tod,
"das liegt in meinem Wesen,
dass die Menschen sich im Tod erkennen."

"Aber ich erkannte mich im Leben,
nicht im Tod!"

Der Tod guckte sehr verdutzt
- und ich überlegte noch, ob ich
ihn nicht lieber mit zu mir
ins Bett nehmen sollte, anstatt hier
mit ihm herumzulamentieren -,
schaute auf meinen Klingelknopf
und sagte mit rotem Kopf:

"Entschuldigen Sie, schöne Frau,
ich habe mich an der Tür geirrt",
drehte sich um und zog
verschämt von dannen
- für einen Moment überlegte ich nochmals,
ob ich ihn nicht zurückrufen sollte, damit ...

Daniel Gräfe

cybergirl. download

wenn er hochfährt
muss ich immer nach dir klicken
auf dich blicken will dich -
meine mause
falle vergess ich mein gelinktes
leben nenn mich schon
geile sau mondfee was
beliebt nur pack mich
ein ins einkaufs
netz kitzel mich pixel lass mich
in deinem herz verfangen
komm herab sonst stürz
ich ab sonst muss ich
muss ich muss ich
eine neue platte kaufen

Mondfee

Roman Gutsch

Pudelwohl getreten

Pudel übergewichtig. Sumoringer
gemästet unterm Küchentisch.
Kopflocken gewichst. Scheitel
bis zur Schnauze. Rituelles Kläffen.
Stummelfußschaukel. Gekräuselte Bauchhaare
uringefärbt. Fettüberwuchert
das Knie. Der fleischige Bezugspunkt
blaugeädert. Fluchendes Frauchen
stampft auch. Ausgetreten und alt
die Steinstufen. Marmorne Pupillen.
Senkrecht in Sibenik. Mülljäger
getreten, verjagt. Fauchender Schatten
an mir vorüber. Dobar Dan.
Katzenbuckel im Gruß. Urlaub
in Seitengässschen. Der miauenden
Unterwelt verbeulter Abfallbehälter und
leuchtender Gauneraugen. Verschwitzt
sinnieren. Ich. Der Eindringling.
Wunden lecken. Neben
Schwanzwirbelfreund. SMS-
Tritt abgekriegt: "Ich nehme dich doch nicht
als Telefonjoker. Nur Strukturen,
Bilder im Kopf, keine Fakten. Noch
schöne Ferien." Dünnes Fell.
Pudelwohl dennoch. Beide.
Der struppige Gauner. Der Gast.
Halbe Milch ich. Halbes Ohr
er. Zerzaust. Teile Kuhsaft. Schnurrende
Hitze. Ohne Wissen. Ganz
Katze. Sein.

Schwarzer Kater

Josef Herzog

Durch meine Fingergitter

Durch meine Fingergitter
schauend das öde Land

Mit dem Morschen starb, was war
nun streunen die Heimatlosen
durch die Dörfer wie wilde Hunde
um zu reißen, was ist

Gebrochen die eisernen Träger
wundgerieben am Zeugnis
welches die Alten uns gaben
mit blindem und sehendem Auge

Durch meine Fingergitter
schauend das öde Land
über den Feldern Krähen
rund geworden an verendeten Träumern

"Da", sagt einer und stößt
mit gestiefeltem Fuß alte Türen auf
"Da", sagt einer und spricht
von der Freiheit des Galgens

Durch meine Fingergitter
schauend das öde Land
In lauer Frühlingsluft
jagen die Schwalben im Spiel

An Wäscheleinen in Reih und Glied
hängen frischgestärkte Lebensbeichten
Abends werden sie in Körben gesammelt
und aufbereitet für den nächsten Tag

Durch meine Fingergitter
schauend das Land
auf steinergraute Hautfassade
lebenszerfurchte Gesichtslandschaft

Stefan Heuer

in der nordlicht-bar

in der nordlichtbar gehen sterne auf und unter,
entstehen die diamanten nur unter druck /
autogramme an den wänden, gebleckte zähne

zeigen zahnfleisch und schweiß: ein restlicht-
verstärker folgt dem string in die ritze, der irrgast
ordert die hausmarke und die nächste nummer:

eisenengel, freistil as it´s best / *prolog*:
hinter der bühne ein satan mit brüsten, eine post
karte (wertvolles stückgut), die finger folgen den

worten nur langsam: ich malen gern, haben geld
und ständig lust zu beichten / der blick aus dem
fenster, im hinterhof brennt der beton

Dieter Hischmann

Die Flügel des Doppelglasfensters schließend

Unentwegt; ja, schon,
vielleicht. Denn aber wie Phantomschmerzen
am Leben klebend, lief
heiß vom Wetterbericht

eine Gesellschaft der Echos eingetrockneter
Schreie.
Bemerkt, als ich sie aussterben
sah, jedesmal wenn ich sie besuchte
in ihrer Enklave unter der Welle

der Jahreszeiten. Dorthin
gleite nun auf deinem Blick,
wenn er so weit reicht. Über alle Berge sind
nun die Wolken, aus denen ich ihn beäugte,
blutwarm im Gesicht, auf dem Sprung

in die Arme einer Verhaltensweise -
zu nah gekommen, wie eine Drohung,
der Grenze zur Anwesenheit, die geschlossen schien,
kaum warst Du da. So als hättest du mich vertrieben.

Dr. Patrick Hofmann

Zwischenreich

Metroschächte durch Athens
Scherben Schutt Ruinen Knochen
tief gehört der Stadt die Erde

an den Tunnelwänden läuft
Werbung mit den Zügen
nichts erwartet uns dahinter

in leuchtenden Wagen
fahren wir durchs Dunkel
ein Blinder träumt vom Stromausfall

Evelin Juen

Feuertanz

unter der Welt
in der Unterwelt
unter der Welt
liegt das Feuer
an der Oberfläche der anders Welt
Inmitten der Anderwelt
nach oben Welt
ober der Welt
ballt sich die Glut
versengt die Welt dazwischen

komplex die Welt
im Irrgarten der Realität
der Welt in der Welt in der Welt
der Universen
und des in alle Ewigkeiten expandierenden Alls

unter der Welt
an den Wurzeln entlang
bis zum Beginn
der Unendlichkeit

Adrian Kasnitz

reigen

aus den kellern ertönt das alte lied:
"wir traten auf die kette,
und die kette klang."
aber niemand hört zu. nur
fleisch, das an heizungsrohren
schabt. die kälte von menschen.
und ein leises säuseln. sind´s
die abflussrohre, fragt das 6-
jährige. und das 7-jährige nickt.
aber im dunkeln ist es keine
antwort, kein erkennen. die augen
geschwollen. eine seltsame allergie
gegen das sich nähernde. sei leise,
flüstert das eine, und das andere ver
stummt.

es klirren ketten,
der riegel gibt nach. und ein traum
von schokolade, eine hand von mama
oder papa. während die hemdchen zittern,
fröstelndes frottee. schritte. schlurfen.

klirrende ketten. der riegel gibt nach,
also schreck, also ohnmacht, also bewusst
losigkeit. DU BIST LIEB eine ohrfeige.
"du trugst ein kittelschürzchen.
du warst so blond, du warst so fein."
das eine winselt, das andere singt:
"wir traten auf die kette,
und die kette klang."

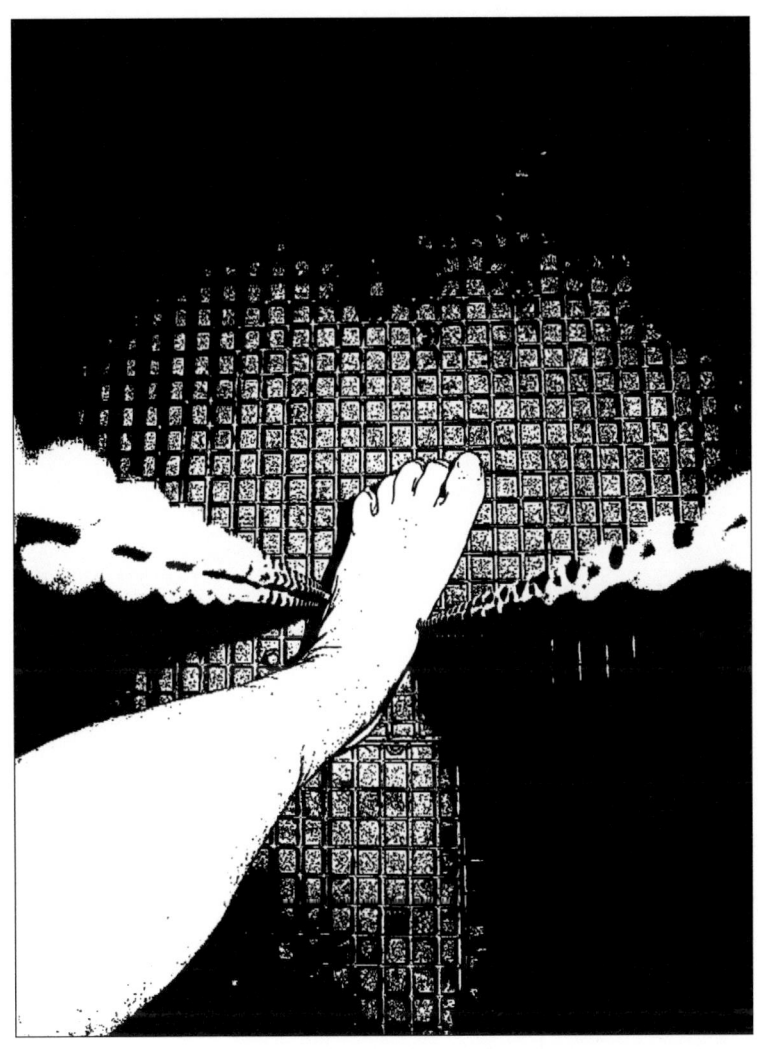

In Ketten

Myriam Keil

Unter Welt

silbergraue stufenfolgen
schieben sich lautlos
unter die haut
neonleuchten reiben
schmerz ins auge
ein ende von etwas
oder einfach nur
ein neuer tag
ich fange wimperngrüße
auf den fingerkuppen

aus dem tunnel steigt
schwarzes zischen
drückt kälte ins gesicht
körpervermehrung
zur rechten und linken
an schließenden türen
staubt das pulsieren
trockener hitze
ein lächeln verzehrt sich
zwischen hundert wunden

geschliffen die stimmen
sinnzeitfragen
hart an meinem ich
beim stolpern fassen
hände falsch
ein husten unterm schal
mit entschuldigung
drängt an meine seite
sekundenzählen
vor jedem luftholen

der schritt nach draußen
wirft meine schatten
auf einen neuen ort
türen schlagen
gedanken aus dem kopf
ich stehe still
ein rauschen im ohr
den sog im rücken
zwischen mauern stirbt
des tages leiser atem

Andreas Kirn

AUF DEINER BLÖSSE

      schlägt mein Atem dreckig
zu Schweiß geworden küsse ich die Tropfen
auf meiner Zunge wärmt mich nur dein Schatten
fällt aufgewühlt entlang dem groben Laken
bekleide dich mit meiner Haut lass uns
jetzt aus den Häuten fahren diese Nähe
trenn uns für deinen Augenaufschlag sind
wir ausgeliefert selbst dein Schweigen hat
               ein Echo

Haut

Bettina Krochmann

Du begannst deine Reise mit einer Zahl,
ich nahm ein Tier -
nicht wissend um dessen Bedeutung.

In der Mitte des Kreises
teilten wir das Gebot der Stunde.

Doch so sehr wir auch wünschten,
man überließe uns einen Plan, -
wir wandelten nackt zwischen den Welten,

und nur das Licht des Schattenreichs
bedeckte unsere Unvollkommenheit.

Katja Laube

DANACH

DUNKEL

PULSIERENDER LICHTSCHEIN
ZWISCHEN ZERKLÜFTETEM GESTEIN
EIN LAVASTROM
BRODELNDE HITZE
AUS DER TIEFE
MARKERSCHÜTTERNDE SCHREIE
ZERSCHELLEN AN DEN WÄNDEN
EIN BEBEN

UND DANN KALTE STILLE.

Susanne Lederle

Entsagung

Meine Lilie aus einer Nacht und den nachtragend
lichtstummenTagen
wälzt die schiefernen Felsen unter der Welt.

In ihrem Schoß schlafen schwere Auguststunden.
Wenn ich ihr flüsterndes Haar streife.
Kann ich im blätternen Blick beinahe ein Wort von ihr greifen.

Sie ersticht sich mit meiner Zunge, weil ich
um ihren Namen bat,
heißt mich folgen einem blinden Abgrund im Winter,
denn die Wunde stillt mich mit Blut.

Jeder Schritt bricht eine Blume im tauenden Eis.
Ihr Kuß welkt und er trinkt und er friert.
Mein Schrei erschlägt mich hundertfach hallend.

Im schwarzen Schneebrand steht sie mit verdorrter Zunge und
nimmt den Kelch voll Blütenstaub,

als ich mich wende und singe.

Schrei

Katja Leonhardt

Auf der Jagd

ich schürze meinen Kittel
meine Hände wasche ich
mit hartem Schnaps
den Duft saug ich ein

ich stelle die Fallen auf
fülle sie mit Käse und Speck
vor ihren Löchern lege ich
mich auf die Lauer
denn einen großen Fang
will ich heute machen

denn ein Blutopfer brauch ich
für die Fledermaus-Mafia
die unter meinem Dach haust
sie fressen nur
was noch warm ist
und zappelt

wenn ich sie satt mach
muss ich nicht
dran glauben
sobald mich der Schlaf im
nächsten Morgengrauen holt

um die Mittagszeit
besucht mich das Mottenheer
es versorgt seine Lager
mit meinem Brot

mein Brot ess ich nur mit Salz
und auch den Würmern
muss ich noch
ein paar Krumen abgeben

sonst nagen sie sich
durch meine Fußsohlen
wenn sie in der Abendfeuchte
nach oben drängen

meine Tür wage ich nicht mehr zu öffnen

Kerstin D. Leppert

untertage

1

mit worten messen wir
gekrümmten raum

zwischen uns
den unsere körper

nicht mehr brauchen
meter für meter

rauche ich mich zu dir
bis ich deine lungen fülle

du bist grüner wein
in meinem glas aus schaum

nein mund in deinem ohr
verspricht dir träge küsse

die ich untertage trage
zur gleißenden nacht der stimmen

2

dein blick häutet mich
im spiegel der pupillen

meine kirschrote blüte
entbein mein bloßes fleisch

händel mich über und unter
kelch mich langsam

3

noch schatten deine arme meinen körper
dein abdruck in meinen gesten

noch schmecke ich
versprechen aus trauben und rauch

bald schon verberge ich meine rufe
vor dem wind nehme mein buntes fell

um mich zu wappnen
vor der hellen nacht

Sabina Lorenz

Wolle

Über den Dächern flimmert die Nacht.
Wenn die Zeit schläft, schaue ich sie bloß.

Meine Väter sind Schriften in der Wand.
Meine Mütter antworten nicht.

Ich bin Wolle.
Ich fahre Rolltreppen, um mich zu beruhigen.
Brauchen Sie Hilfe?

Ich kannte einen Junger, der reiste
mit eingerissenen Ohren auf der Weltkarte.
Er fragte, wie komme ich nach China.
Ich wußte es nicht.

Ich kannte eine Frau, die stand mit
herausgebrochenen Zähnen auf dem Balkongeländer.
Sie fragte, wie komme ich hier wieder runter.
Ich wußte es nicht.

Ich kannte ein Mädchen, das tänzelte
mit Löchern in den Adern die Straße auf und ab.
Sie fragte, wie komme ich zum Schlafen.
Ich wußte es nicht.

Heute nachmittag ging ich an einem Plakat vorbei
darauf stand: Be the champion.
Ich riß es ab und stopfte es mir in den Mund.

Du hättest im Kaufhaus ein Gebiß gekauft
sagst du, als wir uns auf der Rolltreppe begegneten.
Es tanzte auf deinem Nachtkästchen
damit du die Wörter nicht verlernst. Und ich lache
und klappere mit den Zähnen.

Flieg zu mir, sagst du später
und ich bastel Flügel aus den Resten
die haben sich mir ins Gesicht geklebt.
Ein Lachen, es entgleist ein bißchen, aber
ja, du lachst.

Manchmal suche ich meine Väter in der Wand.
Manchmal suche ich meine Mütter in ihrem Schweigen.

Das ist sinnlos, sagst du, und
dagegen gibt es nichts einzuwenden, aber
heute Mittag hatte ich zwei Schatten
einer ging vor mir her, der andere folgte mir.

Manchmal suche ich Bahnhöfe.
Wenn der Zug einfährt, schläft die Zeit.
Meine Jacke steigt ein, mein rechter Fuß
der linke weiß von nichts.

Dr. Andrea Gabriele Mandl

unter welt

mit einem rattenschwanz
an erinnerungen
tröpfle ich gewesenem
hinterher - die wände
grinsen

ich atme dünne luft
in abgelaufener zeit
stehende uhren
nur die bombe
tickt

ich bin unter welt

gefilterter sonnenschein
tastet sich durch
stumme läden
die farben der palette
vermischen sich - wo
bist du

jeder tag macht das
treppenhaus
unerreichbarer
eine schwarze anaconda
windet sich
einladend

ich bin unter welt

keine eichhörnchen haben
mich gewarnt
die falle zugeschnappt
der köder geschluckt - wo
bist du

ich bin

ertrunken an
dir
im letzten
stockwerk angelangt
zu spät
umarmungen zu
sprengen
kein licht
in einsamer

unter welt

Bernhard Mathias Maurer

Unter den Decken,

Fundamente aus Metall, ich rolle mich zur Seite.
Gefräste Wegscheiden, aufgeschlitzte Ventilationszüge,
die Fährfrau am Bettende, ein Dieselmotor stampft in den Boden,
das Laken ein Kettenhemd, ich atme schwer,
beobachte mich selbst, sie lädt mich ein zum Würfelspiel.

Schwere Metallkuben mit ungeschliffenen Kanten und
gebohrten Augen, viel zu schwer um zu rollen,
bleiben liegen wie sie fallen. Fratzen der Schaulustigen,
sie beobachten das Spiel, nur in einer Ecke ein Geiger,
reibt die verbliebene Saite mit einem Kabelbogen.

Reibt auf und ab, dein Spiel, sagt der Fährmann,
dein Spiel, echoen die Figuren, die Gänge,
die Wände schwingen mit den Saiten, Scheiß
und Ölperlen zittern zu Boden, sie glotzen
aus ihren stumpfen Augen und Schädeln.

Reibt auf und ab, dein Spiel, sagt die Fährfrau,
dein Spiel, echoen die Figuren, die Gänge,
die Wände saiten mit den Schwingen, Schweiß,
Perlen bittern an ihrer Haut, sie glotzt
aus ihrem toten Schädel in meine stumpfen Augen.

Wir rudern im Kreis, der Motor des Styx,
Nabel der Welt. Über uns ein Firmament
aus bröckelndem Putz.

Fallende Würfel

Timothy McNeal

bar
kasse

da sitzen unsre
blauen jungs mit
augen
die ins gestern schauen

augen
die auf der seele treiben
nichtschwimmer
ohne rettungsringe

halbe humpen reden stumm
glas für glasen
schlürft die zeit
all hands on deck

sie zahlen unsre zeche mit
gewiss
die styx kennt möwenschreie nicht
doch charon legt das beiboot ab

Zaster

Daniel Mylow

es ist alles anders

welt dein atem ist
ein geheimnis
dein blick hat die steine
aus namenlosen flüssen
an land gezogen
charon dein weißes herz
antwortet nicht
die flüsse teilen sich
und ich werde kleiner
kerberos mein atem hat
die dinge verbraucht
wenn ich fort bin
lege mir die sterne in die schale
und häng meinen schatten
in den see
neben meine traurigen brüder
ich rieche den wind
bevor die totenrichter den finger
an den draht legen
eingezäunt steht mein sehnen
im schatten dessen was wir nie waren
vergiss nicht
wenn du gehst:
hierhin fliegen keine vögel

Nadine Vanessa Neuburg

Parallele Welt

Entspannt sitze ich auf der roten, alten Plastik-Bank
Schaue durch das zerkratzte Fensterglas
Blicke direkt in ein dunkles Grau, das scheint wie ein ewiges Band
Ich spuere die Geschwindigkeit, jedoch fehlt mir das Mass

Ich hoere knarrenden Laerm, der dann langsam verklingt
Ein sanftes Bremsen verkuendet den naechsten Halt
Licht, das von aussen eindringt
Veraendert die Szene, die Sicht auf die Menschengestalt

Kurz sehe ich in der Mitte den gelangweilten Zeitungsverkaeufer
Kurz sehe ich auf der Treppe den gehetzten Mann
Kurz sehe ich in der Ecke den mueden Saeufer
Kurz sehe ich am Boden den Gitarristen, weiss nicht, ob er spielen
kann

Mit einem leisen Klacken schliessen die Tueren
Innerhalb von Sekunden wird das Bild hinter mir ausgeblendet
Ich fahre entlang den Gleisen, die zum naechsten Ort fuehren
Und ich weiss, dass diese Welt hier dort oben nicht endet

Ich schaue mich, werde von den anderen kaum wahrgenommen
Ich vermisse ein bisschen das Tageslicht
Trotzdem moechte ich noch ein bisschen verweilen, vom
Geschehen mehr mitbekommen
Solange, bis mein Ziel den Rhythmus unterbricht.

Bärbel Niklas

Verloren

Mitten in der Nacht
das Antlitz genommen,
als es dunkelte,
als sie schliefen!
Sie wiegten sich sicher!
Dachten nichts Böses,
wollten nur Gutes!
Waren zu schwach
und konnten nicht
nein sagen.

Sie erwachten
mit fremdem Gesicht,
es passte ihnen nicht.
Sie trugen es -
um zu gefallen.
Dunkel umgab sie;
auch am Morgen!

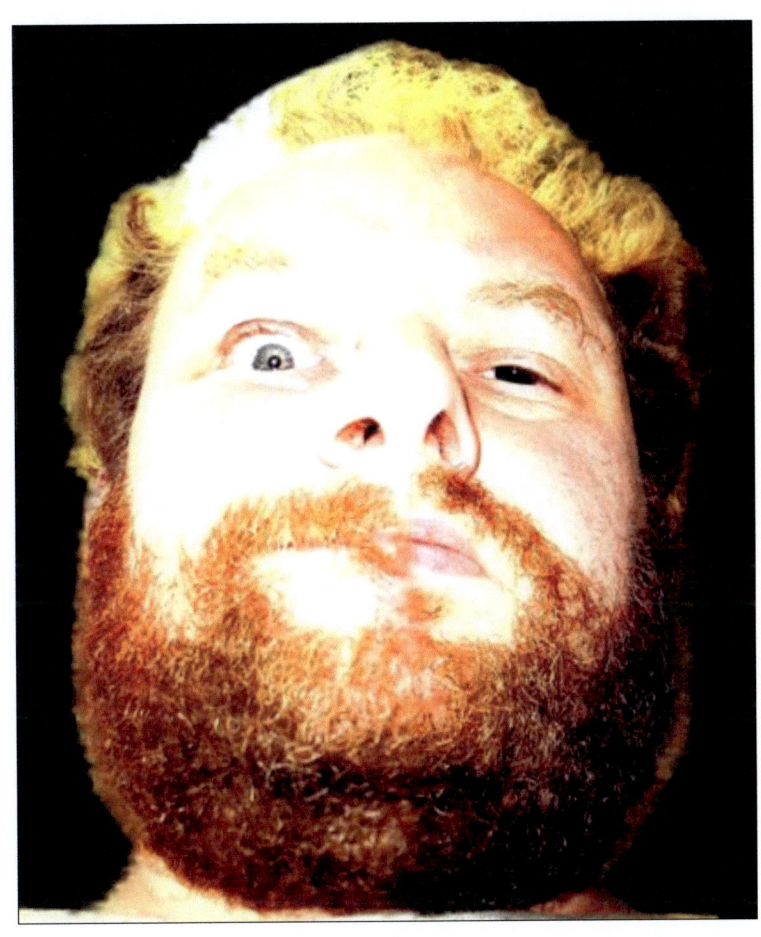

Zweites Gesicht

Frank Norten

UNDERGROUND

(nach Wladimir Makanin)

meine freiheit
die unmöglichkeit zu folgen
fortschrittliche ideen, irgendjemandem
(abgesehen von frauen)
wir gehen leider nicht konform
ausser onkelchen

namenlose hunde an der moskauer metro
warten tag für tag auf ihren herrn
so sieht sie aus,
die *hündische* existenz
wir sind doch eine art *mensch*
underground*spiel*, immerhin

die ehemaligen leitenden genossen litten in den
letzten jahren genug
"petrowitsch" (das bin ich) "haben sie zufällig noch
ein fläschchen?
bitte, ich frage sie in aller
höflichkeit!"

underground
ich bewache euch, hunde
ich trage die russische welt
wohnungslos, aber
nicht weit
vom stadtring

ich habe gestern mal wieder mit sonja, der verkäuferin,
geschlafen
sie hat schöne brüste
manchmal besuche ich meinen
kranken bruder
in saratow

"na, komm rein, nachbar, ein schriftsteller sagt doch
nie die *wahrheit*
ich habe noch eine flasche
wisch schon mal den tisch ab"
die flurtoiletten stinken
die tataren werden auch immer frecher

Rüdiger Oberschür

unter grund

In dunkler Farbe sah ich diese Zeilen
Als einer Pforte Inschrift
Drum begann ich

Dante Alighieri

I
der tag entflieht ins abendliche dunkel
verschluckt das letzte licht während sich
die notrufsäulen verwählen & *falsch*
verbunden mit glühender stimme vom
frevel erzählen der sein feuer aus jeder
silbe brennt das höllenkind beim namen
nennt wer möcht schon gern ein engel
sein in solcher zeit himmel hilf so ganz
allein

II
hinter verschlossenen türen anschluss
finden mental sich binden & alle zweifel
durch einen krawattenknoten streuen
hier unten bist du richtig wirst es nicht
bereuen schreien die offenen partisanen
mäuler dir aus dem hinterhalt entgegen
tiefer kannst du nicht mehr sinken lass
dich fallen & dir werden die sicherungen
durchknallen funken schlagen & du wirst
tun was sie sagen

III

alles was jetzt zählt ist dein bekenntnis
ein unterschriebenes geständnis für die
nachwelt ein paar stichfeste beweise
die flüstern sie dir leise ins ohr was hast
du heut abend vor die frage macht dich
heiß & lässt sie nur eiskalt haben sie
dich verschreckt gar unbefleckt ins
grab gestreckt so weit bist du noch nie
gegangen baby you're on fire ein letzter
schritt and they will take you higher

IV

nur runterkommen wär die lösung doch du musst
wieder rauf der tag entflieht ins abendliche
dunkel & nimmt mit einer letzten patrone
seinen lauf sie wissen noch immer nicht was
sie tun macht keinen sinn für dich genau wie
du besser ists zu schweigen & mit kreide den
fels zum weinen zu bringen jede *reason why*
ist ein leerer magnet fang bloß nicht an zu
singen was an der wand geschrieben steht
denn schwarz ist die nacht & noch schwärzer
ist was dich am leben hält

Mario Osterland

Schwarzwalzer

Pulsierende Schlagwerkorgien
Reißen aus dem Tiefschlaf
Und frisch erwacht
Steigen wir noch weiter
Nach unten

Zerbrochene Paläste, Dome
Lassen wir hinter uns
Das Ziel in Dunkelheit
Klar vor Augen

Sonnensehnsüchte abgestorben
Wir werden eine
Neue kaufen
Nachdem die Maschinen
Abgestellt sind

Licht und Schatten

Sonja Röder

Lethe

Wer fühlen will muß leiden
Radau in der Brust, jawoll, im Bauch, in den Gedärmen
Jeder ist seines Schmerzes Schmied
dolore: Schmerz empfinden, bedauern
Gelernte Vokabeln, es lebe das Lateinische
Ich hingegen sterbe, dauernd
Das stolze
Hat-ja-gar-nicht-wehgetan
Der Kindheit
Wo ist es geblieben
Das Weib soll
Unter Schmerzen gebären
Säugen
Nicht sich gebärden
Ob der verlorenen Busen
Der Schmerz ist das krachmachende Oder in der Brust
Organe verrutschen
Zellen randalieren
Gewebe krampft
Brüste fallen
Wie Blätter
Unters Messer
Erst eins, dann zwei
Nicht drei, nicht vier
Hilflose Worte vergießen
Tut dies zu meinem Schmerzgedächtnis
Mater dolores
Ich der Acker
Im Schmerzen der Bauer
Die Rößlein einspannt
Was sollst du sagen
Was weiß ich

Dein Blick sagt alles
Schmerzinkontinenz
Der Schmerz kann nicht mehr
An sich halten
Oder bin das ich
Ein Gott, der mich kalt
Anschaut und macht
Nie lächelt
Und du
Sieh zu
Schau
Was noch da ist
Zum Streicheln
Nachdem er in Kraft getreten
Vorauseilend gehorsamer Schmerz
Nicht deine Lust
An Kindern
Werde ich stillen
Leiden an verschleppter unauskurierter
Kreuzigung
Ohne Heilsversprechen
Schau
Ihn nur an
Meinen Körper
Die Welt wird zunehmend flacher
Meine Welt geht unter
Das Fleisch wo begraben
Es regiert der Verlust
Brüste eins, zwei
Und jetzt du?

Monika Reichel

Szenario unter der Welt

Fängt die Erde an zu beben
und die Luft zu donnern an,
zieht das Feuer tiefe Gräben,
verbrennt zu Asche, was es kann.

Wassermassen, fast schon Fluten,
und des Feuers heißer Schweif,
zieh´n den Ring nun um die Guten,
er schließt sich bald, des Teufels Reif.

Dämonen, Teufel und auch Hexen,
schreiben dreifach jetzt die Sechsen,
um zu schlafen niemals nie,
sind des Satans Herdenvieh.

Und zur späten Geisterstunde
kommt der Mond zur vollsten Runde,
entfesselt werden die Gewalten,
und niemand kann sie jetzt noch halten!

Rotraud Sarker

TANZ DER TOTEN

Begegnen wir uns
in unseren losen gewändern
auf dem boden
des ozeans

Aus unseren mündern
ziehen fische
dünne worte
Korallen wachsen

wo einmal unsere augen
waren   Unsere hautlosen hände
finden hart und schmerzhaft
zueinander

Die zehen wühlen
im sand   Wir stehen und beginnen
uns immer schneller
zu drehen,

schrauben uns tiefer und tiefer
Während wir schwinden
träumen wir
von wasserhaut dicht

an der luft, wo wir so gerne
lägen und ruhten, zwischen dunklem
und licht und dem stillen
atem der sterne

Claudia Schattach

drachenritt unter stalaktiten

als ich heut
meinen drachen bestieg
rieb ich meinen zuckerzapfen
lustvoller weis
an seinem scharfzackigen nacken
bis er mir gedunsen wies
den weg in die unterwelt;
schmatzend gab ich mich dort
dem alles hin
blies dem tod
meine lust ins ohr
und kitzelte das leben
am großen zeh
- eine kleine besessenheit
die ich mir ausdrücklich erlaube
dann und wann
denn es ist auch nicht verruchter
als ein spiegelei zu braten
in heiß brutzelnder butter;
ohnehin machte sich
knuspriger brandgeruch breit
und durch qualm hindurch
musterte ich die tropfsteinhöhle
die ich
und mein drache
unermüdlich durchflogen
duckenderweis
unter einem heer von stalaktiten
in rubinroten roben
die uns ihr unverständnis
nicht verhehlten;

ich gackerte
um sie irre zu führen,
doch tumbe toren
verwirren zu wollen
kann lediglich
als sinnfreie maßnahme
betrachtet werden;
aber wozu sich noch rechtfertigen
wenn der drache
doch nicht mehr aufzuhalten ist...

Kathrin Schultz

Kanalisation

manchmal möcht ich in die
Kanalisation
abtauchen
dorthin, wo es dunkel ist
und wo so viele Geheimnisse schwimmen

manchmal möcht ich
ins abwassersystem
und mitten hinein in die
gülle der stadt
will sie zerlegen in ihre einzelteile
aufspalten
mikrobenhaft
sehen
was keiner gern riecht
dort suchen, wo niemand sonst sucht
um zu verstehen
was niemand versteht

abtauchen möcht ich
metertief
um endlich die
Guppies
wiederzutreffen
die Mutti damals
als ich Kind noch war
ins Klo geschüttet hat
weil sie Aquarien hasste

...heute mutierte riesenfische...

Mutationen

Emil Schwarz

UNTERWELT
Ein Gedicht in 80 Strophen

1
Niemand war dort.
Alles, war so,
als hätte nie irgendjemand
Nähe zu dem gehabt,
was in unseren Augen
hineinkam als Bild.

2
Wir wurden von dem,
was in uns hineinkam,
weder verletzt noch getötet,
aber es sah schon so aus,
als hätte uns jemand
in seinem Visier.

3
Wir kamen uns vor,
als würde uns jemand durchleuchten,
einfach durchleuchten,
oder, besser gesagt,
als würde jemand sein Aug
in unser Inneres richten.

4
Wir wurden ins Zimmer gerufen,
ins Zimmer hinein,
ohne dass jemand erschien.
Wir wurden gerufen,
ohne dass eine Stimme
hörbar geworden ist.

5
Im Zimmer schien es uns so,
als würden wir nie mehr
aus ihm herausgehen können.
Wir verloren uns so
und kamen uns so abhanden,
dass es ein Rätsel war.

6
Das Rätsel ist jetzt
je länger je grösser geworden,
weil wir alles dran setzen,
eine Antwort auf das zu bekommen,
was mit uns geschah.
Wir kamen uns rätselhaft vor.

7
Wir kamen uns ebenso vor
wie das, was um uns herum
so aussah, als ob
es der Welt
niemals gehören könnte,
weil es anders, ganz anders war.

8
So sahen wir aus,
nein, wir sahen gar nicht
irgendwie aus,
sondern wir waren schon so,
dass man uns nicht mehr
sehen und hören konnte.

9
Wir wurden gerufen,
wieder gerufen,
in etwas gerufen,
das niemand beschreiben kann.
Die Sprache hörte jetzt auf,
weil sie die Silben vergass.

10
Das Schweigen nahm uns gefangen
und verwandelte uns in Stein,
der nur noch die Rundung besass,
die Rundung und dieses Grau,
das wie ein Vogel aussah,
ein Spatz auf dem Dach.

11
So fühlten wir uns,
wie Spatzen auf einem Dach,
von dem aus man in die Weite,
aber auch in die Tiefe sah.
Sing, was du siehst! -
sagten wir jetzt zueinander.

12
Wir sangen uns vor,
sangen ein Lied,
eines und dann noch eines.
Es schien uns gar so,
als könnten wir nun
näher an alles herangehn.

13
Die Sprache ist uns
verloren gegangen,
aber es gab den Gesang,
den wir jetzt besassen,
und dieser war so,
dass er Dinge erklärte.

14
Er erklärte sie so,
die Dinge, die um uns waren,
indem er die Schwingung aufnahm,
die Schwingung, die alles besass,
und indem er sie hörbar machte,
hörbar, weil er sie verstärkte.

15
Wir konnten die Schwingung verstärken,
indem wir sie einfach sangen,
indem wir sangen und sangen
und soweit gingen sogar,
dass wir ihr alles das gaben,
was sie noch nicht besass.

16
Die Schwingung besass noch nicht
die Farben, die sichtbar waren,
denn es gab noch die Grenze,
die Grenze zwischen den Welten,
die oben und unten waren.
Wir waren in beiden Welten.

17
Wir konnten von einer Welt
in die andere gehn,
weil wir den Schlüssel hatten,
den Schlüssel, der uns
die Türen geöffnet hat,
die Türen zwischen den Welten.

18
Die Türen zwischen den Welten
waren für uns
immer offene Türen,
weil der Gesang,
den wir inzwischen besassen,
allem die Öffnung gab.

19
Niemand sagte uns jetzt,
so müsst ihr singen
und so ist es recht,
nein, alle vernahmen mit Freude,
was sich aus uns,
aus unserem Körper holte.

20
Wir wurden gelobt
und wurden geliebt,
weil wir die Schwingung verstärkten,
weil wir der Schwingung den Ton,
die Tonleiter gaben,
weil wir jedem die Höhe gaben.

21
Jeder konnte den Ton,
den eigenen Ton
aus unserm Gesang heraushören.
Jeder hat sich
in unserm Gesang
selber gehört und verstanden.

22
Singend waren wir jetzt
so willkommen, wie wir
früher gar nicht willkommen waren,
als wir der Sprache
noch mächtig gewesen sind.
Wir konnten jetzt alle gewinnen.

23
Wir konnten jetzt alle gewinnen,
und diese, die wir gewannen,
verliessen das Haus
und gingen dorthin,
wo sie die Dächer sahen,
auf denen wir singend sassen.

24
Wir sassen dort oben
und sangen so viel,
dass uns die Zeit
nicht mehr als Zeit vorkam,
sondern als Raum,
als unendlicher Raum.

25

Alles war jetzt
in diesem Raum
einfach so, wie es war.
Weil alles so war, wie es war,
wehrte sich niemand dagegen.
Niemand veränderte irgendetwas.

26

Niemand kam sich
wichtiger vor als die Welt,
die überall war,
die oben und unten war,
weil er die Farben
nun hören und sehen konnte.

27

Wir waren erst gestern
im Zimmer und dort,
wo wir ins Visier
von jenem genommen wurden,
der überall war,
überall in der Schwingung.

28

Überall in der Schwingung
hat es die Schüsse gegeben,
die in unseren Körpern kamen,
in unseren Körpern und auch
in den Geist.
Wir waren schon beinah tot.

29

Wir waren schon beinah dort,
wo die Unterwelt ist,
die untere Welt,
von der wir hörten, dass sich
der Körper in ihr
nicht mehr ernähren kann.

30
Wir hatten kein Dach
über dem Kopf
und wohnten gerade dort,
wo jemand die Tür
für uns aufgemacht hat.
Wir waren in vielen Welten.

31
Wir waren in dieser Welt,
in der wir uns selber befanden.
Und wir waren in dieser Welt,
in der sich die anderen befanden.
Seltsam, sagten wir uns,
dass es so ist, wie es ist.

32
So wie es ist, ist es für alle
ungerade und so,
dass es das Einmaleins
niemals gegeben hätte,
wenn es die Zahlen
nicht vorher gegeben hätte.

33
Weil wir dort waren,
dort und auch dort,
sahen wir immer
die Welt und die andere Welt,
ja, wir sahen sogar,
wie sich die Trennung ergab.

34
Die Trennung ergab sich,
weil sich eine Schwingung
von der anderen löste,
weil sich die Schwingung der Welt,
der oberen Welt,
selbstständig machte.

35
Die Sprache war in der Welt,
aber sie konnte sie nicht erlösen,
denn die obere Welt
verlangte von ihr,
dass die Schwingung ins Bild,
ins Bildhafte bringt.

36
Weil die obere Welt
von der Sprache etwas verlangte,
das im Gegensatz war,
im Gegensatz zu ihr selbst,
hat sich die Sprache in etwas verwandelt,
das keine Sprache mehr war.

37
Die scheinbare Sprache
wurde jetzt bunt,
bunter als alles um sie,
was wiederum Folgen hatte,
weil sich die Welt
an diese Sprache gewöhnte.

38
Wir wussten, dass es
keine Möglichkeit gab,
der Buntheit die Stirn zu bieten.
Ja, wir wussten genau,
dass wir jetzt warten mussten,
warten, nur warten, nichts sonst.

39
Warten ist einfach,
wenn man es sagt.
Aber warten ist schwer,
wenn man im Warten drin ist,
in dem es kein Dach
und auch keine Nahrung gibt.

40
Wir haben gewartet,
solange gewartet, bis sich
etwas ergab, etwas, das sich
nicht mehr am Ende befand,
am Ende der Zeit,
die eine Farbe besass.

41
Das Rot dieser Zeit,
von der wir genommen wurden,
gefangen genommen wurden,
kam immer näher,
näher an uns heran,
weil in uns das Gegenteil war.

42
Das Gegenteil dieser Farbe,
die näher gekommen ist,
ist immer noch diese gewesen,
die dem Himmel
und auch dem Meer
seine Färbung gegeben hat.

43
Das Rot kam so nah,
dass sich die Welt,
die obere Welt,
ins Wahnhafte gab,
weil sie nichts anderes,
nur noch sich selber sah.

44
Schliesslich verfärbte sie sich,
die obere Welt,
und kam in das Blut,
das jeden berührte,
jeden, der irgendwo war.
Was war denn jetzt los?

45
Wir haben erlebt,
dass sich das Rot
vom Wahn in das Blut hineinbegab,
weil es den anderen Farben
den Raum nahm,
der ihnen gehörte.

46
Wir verstanden sehr viel
und verstanden gar nichts.
Wir waren gefangen
und waren doch frei.
Wir waren jetzt dort,
wo sich die Dinge bewegten.

47
Die Dinge bewegten sich so,
dass es schneller und schneller ging,
schneller, als wir je dachten.
Wir hatten den Eindruck,
als käme die Welt
neu auf die Welt.

48
Alles, was war,
wurde verändert und so gemacht,
dass niemand mehr glaubte,
der Ort, an dem er jetzt war,
sei dieser, an dem er gewesen.
Wie kam es soweit?

49
Wir wussten es nicht
und wussten es doch,
denn das Rot ist von einem
zum andern Moment
in sich selber ertrunken.
Wir haben es selber gesehn.

50
Wir haben gesehn,
wie die Sogwirkung war,
die die rote Farbe bekam,
als sie nur noch sich selbst
und nicht mehr die anderen Farben besass.
Wir konnten die Sogwirkung sehn.

51
In unserer Nähe
war es der Fall,
dass sich ein Mensch,
einer und dann noch einer
solcherweise entblösste,
dass alles ins Auge ging.

52
Niemand hat je geglaubt,
dass der Wahn eines Menschen
soweit gehen kann,
dass er allem ein Ende gibt,
was ihm diese Zukunft bringt,
in die er hineingehen kann.

53
Alles ist möglich geworden,
alles lag drin,
was im Dunkeln des Wahns
keine Grenzen mehr kannte,
weil es die Nacht
und den Nebel gab.

54
Nacht und Nebel
liessen uns fliehen,
fliehen vor dem,
was nur noch im Irrsinn war,
im Sinn, dem die Sinne
abhanden gekommen sind.

55
Nacht und Nebel
liessen und sehen,
dass sich die Welt
nur noch als Unterwelt kannte,
weil sie sich selber das Ende
und nicht mehr den Anfang gab.

56
Die Reise war so,
dass sie sehr schnell gehen musste,
denn die Gefahr ist gestiegen,
von Stunde zu Stunde gestiegen,
weil sich der Wahn
nicht selber aufhalten konnte.

57
Wir wussten, dass er
nichts anderes hat,
nichts anderes als sich selbst.
Im Wahn vervielfacht der Wahn
sich selbst und den Schrecken,
den er verbreitet.

58
Wir verliessen den Ort,
an dem wir uns niedergelassen,
weil wir nicht ahnten, dass es
soweit kommen kann,
dass Worte ihr Gegenteil
wahr machen können.

59
Sobald wir den Ort,
der die Sprache verkehrte,
verliessen, waren wir Juden wie einst,
wie damals, als es den Weg
ins Gespräch hinein gab,
ins Gespräch ins Gebirg.

60
Wir waren im Schnee
und ahnten nun schon,
dass das Schlimmste vorbei ist,
das Schlimmste von dem,
was den Juden geschieht,
wenn sich die Welt gegen sie kehrt.

61
Im eisigen Wetter
sahen wir nun,
dass sich die Sterne
nicht aus der Nacht,
aus der Dunkelheit nahmen,
sondern dass sie dort blieben.

62
So kalt es auch war,
wir konnten dem Schrecken,
der hinter uns war,
die Sprache geben,
den Sprachraum,
in dem wir uns wieder fanden.

63
Wir fanden uns dort,
wo die Sprache dem Sinn
und der Sinn der Sprache gehorcht,
weil es den Sprung gab,
den Sprung über den Berg,
von dem wir die Schwere bekamen.

64
So schwer es auch war,
so glücklich sind wir gewesen,
wenn wir zusammen im Süden,
in dieser Gegend gewesen sind,
in der es die rote Farbe,
aber auch die anderen gibt.

65

Sobald es den Kreis gab,
den Kreis, der sich dreht,
waren wir wie die Kinder,
ja, wir waren dann so,
dass es die Schwere
nicht mehr in unserer Gegenwart gab.

66

Wir lachten und sangen,
obwohl dieser Schnitt,
der die Wirklichkeit teilte
und der sich den Tagen als Schmerz,
als nichts anderes gab,
die Schritte erschwerte.

67

Die Schritte, die wir
im Haus machen konnten,
in dem uns der Wahn
den Boden wegnahm,
waren immer gefährdet,
weil es die Sprache nicht gab.

68

Es gab diese Sprache,
die alles das sagte,
was notwendig war,
und die trotzdem nichts sagte,
weil kein Verständnis entsteht,
wenn es den Sinn nicht mehr gibt.

69

Im sinnlosen Sagen
sagt man sehr schnell
Dinge, die nichts bedeuten,
weil man die Absicht besitzt,
die Absicht, nichts sonst.
Wir kannten dies nicht.

70
Wir wussten, dass es den Wahn gibt,
den Wahn und den Schrecken,
den dieser bewirkt,
aber was wir erlebten,
sprengte die Vorstellungskraft,
die wir gehabt haben.

71
Jetzt wissen wir auch,
dass sich das Schlimme
nicht einmal vollzog,
sondern dass es sich dauernd vollzieht,
dauernd in dieser Welt,
die aus der Welt herausfiel.

72
Wir wissen, dass sich
das Schlimme verschlimmert,
weil sich die rote Farbe verstärkt
und weil sie sich selbst
aus dem Kreis herausnimmt,
von dem wir die Reise bekommen.

73
Wir waren im Kreis
und wurden aus ihm geschleudert,
um diese Reise zu machen,
die hinter uns ist.
Jetzt können wir wieder
erzählen was war.

74
Jetzt können wir wieder
sagen, es war
ein Schritt in die Richtung,
in die wir gehn,
um singend dem Grau
die Farben zu geben.

75

Jetzt können wir wieder
sagen, dass sich
die Erde gedreht hat,
einmal um ihre Achse gedreht,
und dass sich deshalb
etwas verändert hat.

76

Wir verstanden sie nicht
die Welt, die sich dreht,
um das Sinnlose dreht.
Jetzt ist es soweit,
dass sich die sinnlose Welt
aus ihren Angeln hebt.

77

Der Schnitt ist zu gross,
als dass sich die Welt
aus ihm herausholen könnte.
Wir wurden vom Wahn überrascht
und wissen jetzt ganz genau,
wie er sich selber entblösst.

78

Es gibt diesen Raum,
und in diesem Raum
gibt es die Zeit, die vergeht.
Im Raum der unteren Welt
hat sich die Welt enteignet,
und deshalb verliessen wir sie.

79

Wir verliessen die Welt
und gingen in dieses Gebirg,
in dem die Gespräche stattfinden.
Wir haben Gespräche geführt,
und in den Gesprächen
erwachte die andere Welt.

80
Das Dach, auf dem wir jetzt singen,
ist auf den Boden gekommen,
auf den Boden der Welt.
Wir haben den Stock und den Stein,
und deshalb haben wir nicht nur
die Unterwelt überlebt.

Unterwelt

Cristiane Schwarze

Unter den Kanaldeckeln

Die Sehnsucht flüstert:
Suche das Meer.

Dann bräuchte sie der Spur der Mutter nicht zu folgen,
zu den Mülltonnen derer,
die etwas besitzen, was sie nicht brauchen.

Schon hinter der nächsten Bergkette
könnte sich das endlose Blau auftun.

Als sie es auch hinter dem Horizont der Ebenen nicht findet,
sagt einer:
Wasser fließt unter den Kanaldeckeln der großen Stadt.

Was kann sie schlimmeres erwarten als Müll.
Ratten gibt es hier wie dort.

In der Stadt braucht sie keine Worte.
Für was sollte sie ja oder nein sagen können?

Männer zerlegen Körper mit ihren Blicken,
und was man bezahlt, darf man benutzen.
Wichtig ist, die Angst in den Augen des Mädchens zu sehen,
denn mächtig ist nur einer, dessen Gegenüber klein ist.

Die Sehnsucht flüstert:
Suche das Meer.

Meerblick

Barbara Holstein Seifert

Defixion

Eben läuten die Glocken die letzte Stunde aus.
Jetzt, zwischen heute und morgen,
drängen sich die Gäste dicht an dicht.
Nur dich umgibt die Einsamkeit der Wölfin.
Du sitzt gebeugt, dein Haar fällt
silbersträhnig ins Gesicht, rauchst
hastig, schreibst
Verse in fremder Sprache.

Wie schön du bist! Nachtgewächs im blauen
Jackett. Trägst es mit der lässigen Unbekümmertheit
einer, die weiß, was sie will.
Ein knappes Kopfnicken zitiert den Kellner
an deinen Tisch. Du lächelst gnädig
und bestellst. Der junge Mann eilt
davon, als hättest du ihm einen gefallen getan,
beinahe im Handumdrehen stellt er
ein neues Glas vor dich hin.
Dein durstiges Danke
kürt ihn zum Lebensretter und sichert dir
dir unverzügliche Erfüllung weiterer Wünsche.
Er hätte gerne noch etwas gesagt, dich noch einmal lächeln
gesehen,
aber du setzt schon wieder unnachgiebig Wort neben Wort...

Selbst wenn du wüßtest, du hättest nur wenig Zeit
noch zum Leben, du machtest weiter wie bisher:
ein rascher Zug, ein kräftiger Schluck, Zeile für Zeile
Herz aufs Papier - und immer so weiter,
immer so weiter...
Auch auf die letzte Reise gehst du allein
mit der Bahn nach Land´s End und dann -

geradewegs ab in den Orkus - hab ich dich doch am Ende
entblößt und zerlegt, in alle Einzelheiten
wollt ich nicht gehen - denn eines weiß ich genau:
nur hier kann ich dich endlich bewegen, den Birnbaum
zu schütteln und die Asche aus meinen Haaren zu kämmen.

Elke A. Sommer

Archmene

Ich hielt dem Fisch Arielatet
den Lauf der Pistole ins Maul,
so brachte er mich
ans rote Algentor,
schwamm
rückwärts
als erster durch,
während ich
vorwärts
schwamm
und aufwärts
statt Licht in Bündeln
das Myzel des Parasol
sah
und
Zwerge vom Volk der Wetterlun,
die ihre Toten einspannen darin,
dafür,
sag ich zum bedrohten Fisch,
kommen sie in die Rutteweln,
und der Fisch, der blöde,
zeigt mir
mit seiner linken Flosse den Vogel,
da
hab ich
abgedrückt.

Thorsten Trelenberg

Verlassene Strände

Tagelang habe ich an den verlassenen Stränden
der Unterwelt nach Deinen weißen Segeln
Ausschau gehalten

Im sanften Schatten des vollen Mondes
entzünde ich die schreienden Leuchtfeuer

Der Wind und die verschwiegenen Wolken
flüstern Deinen Namen

Jede Brise trägt unter meinen ungerechten Schmerz
über das silbrig glänzende Meer

zu Dir

Unter dem Maulbeerbaum teile ich meine ungezügelte
Leidenschaft
und meine mich zerfressende Sehnsucht
mit den fremden Fischern

Wenn es mir nur gelänge Dein verlangender Gedanke zu sein

Mein Herz hält weiter Ausschau nach Dir

Die Seufzer der sterbenden Wellen
mach ich zu meinen singenden Begleitern

Mir bleibt nichts anderes übrig

als auf den Tag zu warten

Beate Ullrich

Orpheus

Wo du jetzt bist
geh ich dir nach
wo bist du

Ich gebe dich nicht her
du warst in meinem Leben
das Beste

Sehnsuchtsband von Herz zum Herzen
zerrt an meinem immer mehr
zieht mich hinab

Nacht für Nacht lass ich mich sinken
durch die raue Haut der Erde
zur Schattenwelt

Dort seh ich dich vielleicht von weitem
manchmal im Traum gelingt es mir
Ich ruf dich stumm

Du kannst mich offenbar nicht sehen
denn nicht aus deiner dunklen Welt
bin ich für dich

Einmal nur strecktest du die Hände
nach mir und lächeltest mich an
Ich lachte laut vor Glück

Doch da zerrann dein Bild wie Nebel
Schatten verhüllte und verbarg dich
und du entglittst

Im Dunkel leuchtete noch einmal auf
das nie vergessene Gesicht
verschwand im Nichts

Die Schatten spien mich unbarmherzig
ins Licht Ich war wieder allein
und blieb es auch

Seitdem geh ich dir nach
dorthin wo du jetzt bist
wo bist du?

Andreas Upit

archiv

die brocken gesammelt den rest
eingeschrieben zwischen
vergessen und erinnerung
was übrig bleibt stiften die dichter:

die spur in der wüste:

die sterne bezeugen die dunkelheit
die dunkelheit
zeugt von dem licht
das uns nicht erreicht

Spuren im Sand

Susanne Wagner

aus der Familie der Lilienkäfer

Regen tut nicht weh.
Nur der Lilienkäfer
in der schlafenden Nase
schmerzt. Er brütet
reichlich neue Kinder.

Die Höhle, das ist
der sichere Mund.
Das Lächeln, das ihn
wie ein Beil verschlägt,
bietet Schutz vor der Familie
der Lilienkäfer,
die lebt heutzutage
in allen versteckten Gängen,
auf und unter dem sauber gerichteten
Grab;

Die wohlige Decke, der feuchte Kuss
helfen
über die kleinen, kratzenden Schritte,
die trommelnden Spuren.
Was macht es,
dass ich dich nicht meinte. Solange
du nur den Schlüssel festver-
schluckst und ihn im Bauch behältst
(halt fest fest).

Die Schublade, das treue Stück Erde,
das Eck, in das man dir den Atem schob,
ich habe es dem Finger als Krone aufgesetzt,
den trage ich als Fähnchen am Kopf:
Seht ihr mich?

Der Lilienkäfer macht sich
über die Decke her,
schlüpft flink in die blutende Nase.
Das macht doch nichts mehr,

ist ein Nest für die ganze Familie, die
hebt sich die Erinnerung
als Fähnchen über den Kopf.

Dr. Rainer Wedler

le roi´s amuse

graugewickelt
staubgrau eher erden
Mumien die stampfen
auf Rosten aus Metall
verrostete Geländer im welligen Licht des
Brackwassers wenn ein Stein es
aufreißt eine kleine Explosion

die Sandschlürfer schluckt die Dunkelheit
die Bewegungslosigkeit einer kalten Luft
Unsicherheit beim Atmen
der Spott hinter der Backsteinmauer entdeckt
verkrümmte Bewegungen
Warzen schwerer Brüste schleifen Zeichen in den
Staub

aus dem schwertropfenden Schwarz wachsen
die Brüste flach bandagiert
Zootiere die an den hartverputzten Wänden
hochrennen solange
es die Schwerkraft zuläßt dumpf
auf den Stahlbeton zurück

an Rostsprossen hochgezogen von
roten Händen rot umrandet
          Vorsicht Selbstanlauf !

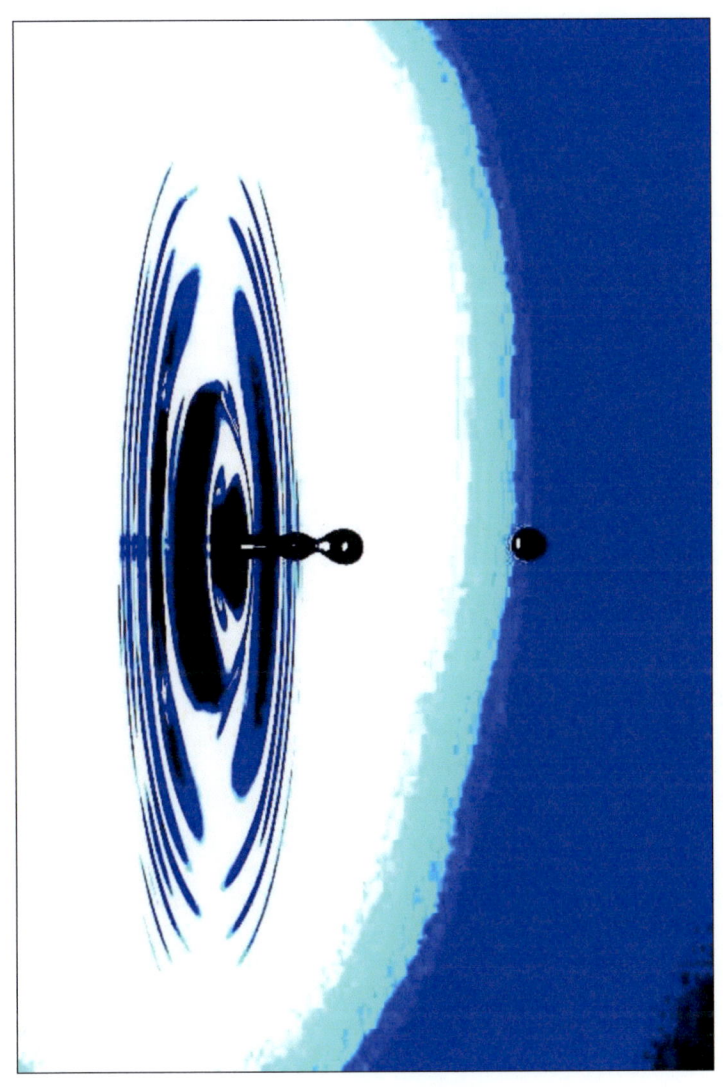

Schwarze Tropfen

Felix Weigand

unbezeugtes

I.

am grunde des seins schweigts
und stillt unser stumpfes begehren:
das credo das placebo

tragen wir staub auf den lippen
bleiben alt und dumpf
unser ton

und die bedeutung
der wir glauben schenken
sie schläft.

II.

lassen wir worte gebären:
die losigkeit unseres rats
das nicht unseres verstehens
und das ver unseres drängens!

heiligen wir den unsinn
richten hin was da schreit
retten hinüber von der zeit
was wir sahen!

III.

reichen wir
hinter den mond den bruder
auf eine insel ohne breite und länge
in eine ausgestorbene sprache

dort wird raum sein
mit gedanken zu füllen und zeit
nach der wir uns nicht richten.

IV.

und durch mein visier
wird er brücken schlagen:

der wind in meinem blick
der sumpf in meiner klage
und der widerspruch.

und aus meinem gedächtnis
werden sprechen:

ungeordnete atmung
instinkte und horizonte
wiederholtes versäumnis
und geahntes.

V.

nicht mehr
wird man einst erwarten können
von meinem erbe

als einen flügelschlag
der mir in den schoß fiel
und das nest im schädel
dort wo die zunge saß.

Jury

Iris Harlammert aus Herten (Deutschland)

Geboren 1965 in Recklinghausen. Lebt in Herten. Liebt Frauen und Katzen, Bücher und Dada. Schreibt Lyrik und Kurzprosa. Leitet die Literarische Werkstatt in Marl.

Hans van Ooyen aus Recklinghausen (Deutschland)

Schriftsteller und Fotokünstler, Jahrgang 1954, geboren und aufgewachsen in Duisburg-Rheinhausen, Studium der Germanistik und Philosophie in Bochum, langjährige Tätigkeit als Lektor und Cheflektor eines Verlages, danach Diplom Marketing-Management in Dortmund, 1991-2001 Marketingleiter einer Werbeagentur in Dortmund/Berlin/Potsdam, langjähriges Mitglied des Verbandes deutscher Schriftsteller, davon acht Jahre Mitglied des NRW-Landesvorstandes und Stellvertretendes Mitglied des WDR-Rundfunkrates. Hans van Ooyen veröffentlichte als Schriftsteller u.a. die Erzählbände „Fangschuß" und „Das Bild auf ihrer Haut" sowie den Lyrikband „Liebesflüstern". Seine Texte sind in 20 Sprachen übersetzt und wurden z.B. mit dem Deutschen Kurzgeschichtenpreis, dem Literaturpreis der Stadt Aachen und dem Alfred-Kitzig-Preis ausgezeichnet. Als Fotokünstler publizierte er in renommierten Zeitschriften im In- und Ausland. Seine Bücher „Close to You – erotic moments", „CityLights" und „Erotic Colours" begründeten seinen Ruf, einer der führenden Fotokünstler Deutschlands zu sein. http://www.van-ooyen.de.

Andreas Sticklies aus Gelsenkirchen (Deutschland)

Geboren am 3.5.1962 in Marl (westf.), Rohrnetzmeister Gas und
Wasser. Veröffentlichungen in Zeitungen, Zeitschriften und
zahlreichen Anthologien (siehe auch http://www.sticklies.tv).
Als Reiner Flachs das Buch „Volles Rohr gedichtet" veröffentlicht.
Gründer und Organisator von „Lyrik 2000 S". Mitglied in mehreren
Vereinen und Literaturgruppen. Produktionen für
Videowettbewerbe und Bürgerfernsehen. Gelegentlich auch
Einsätze als Schauspieler. Lesungen in Marl, Oer-Erkenschwick,
Kattenfenne, Ahrweiler, Bad Neuenahr, Bottrop, Krefeld,
Recklinghausen, Gelsenkirchen, Dortmund, Köln, Düsseldorf,
Bremen, Hamburg, Berlin und München. Unter anderem Gewinner
der „Literatour de France 2003"(Charlatan-Verlag) und 2. Platz
beim Lyrikwettbewerb „Leben und Tod" 2006 (Lerato-Verlag).

Heinz-Ulrich Tenkotten aus Marl (Deutschland)

1957 geboren, verheiratet, ein Kind. Lebt als Hausmann und
schreibt. Mal die mal das. Verschiedene Veröffentlichungen, unter
anderem: „Die Hexen von Katernbusch", Georg Bittner Verlag
(1992).

Brigitte Werner aus Herne (Deutschland)

10 Jahre Grundschullehrerin, 8 Jahre Kindertheater Pappmobil,
Autorin vieler Kinderstücke und einem Judendtheaterstück mit
Musik. Autorin von Prosa, Lyrik und Hörspiel. 1987 Literatur-
förderpreis Ruhrgebiet, 1990 Kindertheaterpreis NRW für das
Pappmobil, 1992 Literaturpreis der Stadt Gelsenkirchen, 1995
Auszeichnung und Unterstützung der Kinderaktion "Erbse mit
Speck" für kranke Kinder als beste kulturelle Idee des Jahres durch
die Zeitschrift "Freundin". Freischaffend als Autorin, Pädagogin und
Theatermacherin tätig.
http://www.brigitte-werner.de.

Weitere Biographien

Ingeborg Bauer aus Esslingen (Deutschland)

Geboren in Oberschwaben in der Nähe des Bodensees (Baden-Württemberg). Schulabschluss: Abitur. Danach Studium der Germanistik und Anglistik in Tübingen, Auslandsstudium in Großbritannien. Nach dem Staatsexamen als Studienrätin tätig. Verheiratet. Zwei Söhne. Volkshochschuldozentin in Esslingen (Englische Konversationskurse mit Schwerpunkt "Englischsprachige Literatur"). Zusammenarbeit mit bildenden Künstlern, Mitarbeit in einer Galerie für zeitgenössische Kunst (einführende Worte bei Vernissagen, Katalogbeiträge). Texte in Anthologien. Mit der Malerin Ursula Gordon entstanden: "Labyrinth", "Esslinger Jahreszeiten", "Pilgerreise - Lebensweg" und "Ich lasse das Leben auf mich regnen". 2003 veröffentlicht: "Mental Maps" - Lyrik und Kurzprosa. 2004 veröffentlicht: "Das Blau des Himmels aber birgt den Engel" - Lyrik.

Manfreda Bendrien aus Altavilla Milicia (Italien)

1961 in Würzburg geboren. Dort Studium der Geschichte und Philosophie. Lebt seit 1985 in Italien, seit 2002 auf Sizilien. Graphische Arbeiten, Lyrik- und Prosaveröffentlichungen (unter anderem: "Ich reise anders", Lyrik, 1997; "Die entschuppte Nachtigal (L'usignolo squamato/ El ruisenor escamado)", Lyrik, zweisprachig, dt.-it. 2003, dt.-spanisch 2004; "Der Geburtstag", Kurze Erzählung, 2004; Februar 2005: "Schollenklebers Niemandsland", Kurze Erzählung. Übersetzt in Italienisch, Spanisch, Englisch. Herausgeberin des zumeist mehrsprachigen Leseheftes "Willkyria" und der größtenteils in Italienisch publizierten Editionen "Quinto Angolo".

Doris Bewernitz aus Berlin (Deutschland)

1960 in Lübz/Mecklenburg geboren. Lebt seit 1980 in Berlin. Zwei erwachsene Söhne. Tätig gewesen als Krankenschwester, Krippenerzieherin, Gerichtsprotokollantin, Lehrerin, Spielplatzbauerin, Drogenberaterin, Therapeutin, Sozialpädagogin. Schreibt seit immer. Konzentration aufs Schreiben seit 1995. Es entstehen Gedichte und Kurzgeschichten.

Sebastian Biber aus Konnersreuth (Deutschland)

Geboren am 9. Februar 1985 in Neuburg/Donau in Bayern. Bis zum 16. Lebensjahr in Ingolstadt (an der Donau) aufgewachsen, dort Besuch der Grund-, Haupt- und Realschule. Seit 2001 im Internat und Gymnasium Fockenfeld bei Waldsassen.

Peter Bisovsky aus Gumpoldskirchen (Österreich)

Geboren 1940 in Wien. Kindheit in Steyr, Oberösterreich. Jugend in Wien. Langsam älter geworden in Steyr, Linz und Wien. Lebt jetzt in Gumpoldskirchen, Niederösterreich. Anthologien: "Die Textwelt-Anthologie", Edition Volkshochschule, 2000; "Wassergeschichten aus Niederösterreich", evn wasser, 2003. Preise: Unter den fünf Besten zum Thema "Berührungen" im Schloss Puchberg / OÖ, Oktober 2003; 2. Preis beim Wettbewerb "Wassergeschichten" Kloster Und / NÖ, Dezember 2003; 1. Preis beim "Literaturkarussell Niederösterreich" in Baden bei Wien, Oktober 2004.

Gunther Dietrich aus Berlin (Deutschland)

1967 in Süddeutschland geboren, studierte Philosophie und Bildende Kunst in Hamburg, Paris und Berlin. Zahlreiche Auslandsaufenthalte in Mexiko, USA, China und Ost-Afrika. Seit 1998 schriftstellerisch tätig. Lebt und arbeitet in Berlin. Werke: "Brutlion" Roman, 1998; "Ohne Titel Ohne Worte" Versepos, 2004; "Rudern" Theaterstück, 1999; "Täter Drei" Theaterstück, 1999; "Der Auftrag" Theaterstück, 2002; "Spulwurm" Gedichte 2004. Homepage: www.dzm.info.

Dominik Dombrowski aus Bonn (Deutschland)

Geboren 1964 in Waco/Texas/USA, lebt in Bonn, Studium der Germanistik und Philosophie, Herausgeber- und Lektoratstätigkeiten. Letzte Veröffentlichungen: "fortte Pirato" - Lyrische Prosa (Friedrich Haller Verlag, Bonn 2003), Als Mitherausgeber und Autor: "Bucklichter Dronte" - Lesebuch des Stirner- und Nietzsche-Kreises Bonn (Friedrich Haller Verlag, Bonn 2004), Außerdem Veröffentlichungen in Anthologien und Zeitschriften (z.B. DER DREISCHNEUSS Nr. 15, Lyrik 2000 S - Odyssee, Osiris Philosophos, Scheherazade Nr. 30 u. 35), div. Preise, zuletzt: FEEL - 1. Preis für erotische Lyrik 2003.

Andreas H. Drescher aus Saarlouis (Deutschland)

Geboren am 22.12.1962, Studium (Germanistik, Politik und Philosophie), dann ausschließlich dem Schreiben gewidmet. Veröffentlichung des Bandes "FREMDE ZUNGEN" in der VS-Reihe TOPICANA. Zusammenarbeit mit dem Liquid-Penguin-Ensemble: Literatur-Performances, Internet www.maldixdemon.de. Genannte Website erringt beim "Literatur digital"- Wettbewerb von DTV und T-online den 1. Platz und erscheint als Buch + CD: Titel: "Literatur digital". Beteiligung an Anthologien, u.a. "SMS-Lyrik" bei DTV-Hanser. Letzte Veröffentlichung: DAS GEDICHT / NACKT. Arbeit am ersten K.I.-Geschichtenerzähler fürs Internet.

Nora Dubach aus Männedorf (Schweiz)

Nora Dubach schreibt und malt seit sie 11 Jahre alt war. Frauenfachschule, Werkkunstschule Wuppertal, Reprofotografien. Vorstandsmitglied im Schifffahrts- und Heimatmuseum. Leitung künstlerische Gestaltung. Diverse Wettbewerbe, Lesungen, Ausstellungen. Arbeitet als Statistin für Werbung, Film, Theater usw.. Sie lebt seit 1966 in der Schweiz, in der Nähe von Zürich. Nora Dubach hat Interesse an allem, was mit Kultur und Kunst zu tun hat. Sie hat über 200 Gedichte und 18 Short-Stories geschrieben.

Christian Einig aus Eppelheim (Deutschland)

1972 in Waibstadt geboren. Mit 19 Jahren verließ er das Elternhaus und studierte Wirtschaftsinformatik in Mannheim. Es folgten Anstellungen bei international renommierten Unternehmen, zunächst als Systemadministrator, später als Leiter für EDV-Projekte. Nachdem das Finden von Geld die Suche nach Sinn nicht ersetzen konnte, führte diese Gewißheit im Alter von 29 Jahren zu einem vollständigen Bruch mit dem erlernten Beruf: er verzichtete auf diese Art von Karriere und kündigte seinem Arbeitgeber von heute auf morgen, um sich fortan ausschließlich dem Schreiben sowie der Musik zu widmen. Seit 2001 lebt und arbeitet Christian Einig als freiberuflicher Künstler in der Nähe von Heidelberg. Neben zahlreichen Gedichten entstand in dieser Zeit auch sein Erstlingsroman um eine Dreier-Beziehung, der 2004 fertig gestellt wurde.

Kathrin Elfman aus Wiesbaden (Deutschland)

Geboren am 11. Oktober 1968 in Konstanz. Erste Sci-Fi-Veröffentlichungen 1984. Ausgebildete Tänzerin und Sängerin. Abitur, kaufm. Ausbildung. Redakteurin bei SAT. 1 und Pro 7. Fernstudium BWL. Seit 1994 freie Autorin und Texterin. Bandleaderin und Sängerin der Prog-Rock-Band MILO. www.storyline.de. Bücher: WOLFGANG HOLBEINS FANTASY SELECTION (co-Autorin); NEUNMALTOT (Mystery-Roman BoD); CAMOUFLAGE (Sci-Fi-Roman BoD). Kurztexte: "Schon wieder die Sache mit der Zeit!" (1997 dip-Award Science Fiction), "Was Bahnfahren mit Telepathie zu tun hat" (2004 Literaturpreis von Stiftung Lesen und Deutsche Bahn). Film: DIE WAHRHEIT ÜBER TROLLE, KOBOLDE UND WASCHMASCHINEN (Drehbuch) Fantasy-Kinderfilm - 90min - 1994. WHAT IF? (5 Fantasy-Kurzgeschichten deutsch/englisch) produziert von Agentur PMG Profile Marketing Group für General Motors IAA Frankfurt 2003 Premiere Night - 20min - 360° Kino. Gewann Creativity and Excellence Award Gold in USA. HERR DER KLÄNGE (Konzept, Drehbuch, Regie, Schnitt) für SAT. 1 - 20min 1991. ALPHA REFLEX (Drehbuch) Spielfilm oOoo net. Österreich - 40min - 2000/2001. DIE WÜSTE LEBT: MIT HEINZ SIELMANN DURCH DIE SAHARA (Konzept/Regie/Text) D/Tunesien Doku SAT. 1 - 2x30min - 1991.

Hajo Fickus aus Wangen (Deutschland)

1955 in Idar-Oberstein geboren, wohnt in Wangen im Allgäu und ist als Fachlehrer an einem privaten Berufskolleg tätig. Neben seiner beruflichen Tätigkeit widmet er sich als Schauspieler, Regisseur und Theatergruppenleiter vor allem dem Theater. Seit 2002 tritt er auch mit eigenen Schreibversuchen an die Öffentlichkeit (2. Preis des Isnyer Literaturwettbewerbs 2002; 1. Preis des Literaturwettbewerbs "Wangenküsse"; 3. Preis des Wettbewerbs "Geschichten rund um die Apotheke"; 1. Preis des Isnyer Literaturwettbewerbs 2004).

Gerald Fiebig aus Augsburg (Deutschland)

Geboren 1973, wohnt in Augsburg. Lektor, Herausgeber des Musikfanzines www.gebrauchtemusik.de, Mitglied der Hausmusikgruppe Jesus Jackson und die grenzlandreiter und Autor der Gedichtbände "kriechstrom" (1996), "erinnerungen an die 90er jahre", "normalzeit" (beide 2002) und "geräuschpegel" (2005). 2002 Nominierung für den Dresdner Lyrikpreis, 2004 Preis der Münchner Literaturzeitschrift TORSO und Kunstförderpreis der Stadt Augsburg in der Sparte Literatur, 2005 Einladung zum Literarischen März in Darmstadt. Homepage: www.geraldfiebig.net.

Jürgen Flenker aus Münster (Deutschland)

Geboren 1964 in Coesfeld/Westf., Studium der Germanistik, Anglistik und neuen deutschen Geschichte in Münster und Reading/England, Inhaber der niederen Akademischen Weihen, Preisträger beim Wettbewerb "Lyrik 2000 S" für das Jahr 2001 und beim Kurzgeschichten-Wettbewerb "Irrtum mit Folgen" des Weltbild-Verlages 2002, Sieger beim Kurzgeschichten-Wettbewerb der Zeitschrift "die melange", Wien 2004, lebt als Vielleser und Quartalsliterat in Münster.

Pauline Füg aus Windsbach (Deutschland)

Geburtsdatum: 08.07.1983; Geburtsort: Leipzig; Geschwister: 3 Brüder im Alter von 19, 16 und 14 Jahren; 1987: Übersiedlung mit der Familie nach Nürnberg; 1989 - 1990: Besuch der Grundschule Schwaig bei Nürnberg; 1990: Umzug mit der Familie nach Röthenbach a.d. Pegnitz; 1990 - 1994: Besuch der Grundschule Seespitzschule in Röthenbach a.d. Pegnitz; 1994 - 1998: Besuch des Gymnasiums Röthenbach a.d. Pegnitz; 1998: Umzug mit der Familie nach Windsbach; 1998 - 2001: Besuch des Johann-Sebastian-Bach-Gymnasiums Windsbach; 2001 - 2003: Besuch des Gymnasiums Carolinum in Ansbach; 2003: Abitur am Gymnasium Carolinum in Ansbach; seit Oktober 2004: Studium der Psychologie in Eichstätt.
Auszeichnungen/Preise: Anerkennungspreis des Lyrikwettbewerbs der Mittelfränkischen Gymnasien 2003; 1. Preis beim Schreibwettbewerb 2004 der Homepage "www.junge-literatur.de.vu"; 2004: 2. Preis beim 16. Literaturpreis der Nürnberger Kulturläden; 1. Preis beim Poetry Slam Lichtenau/Ansbach Juli 2004; 1. Preis beim Schreibwettbewerb des Kulturreferats Eichstätt 2004; Finalistin des Poetry Slams Erlangen November 2004; 1. Preis beim Poetry Slam Eichstätt Dezember 2004. Veröffentlichungen in mehreren Anthologien, u.a. in der Anthologie der Nationalbibliothek des deutschsprachigen Gedichtes 2003 und 2004, im Literatur-Magazin Macondo (Ausgabe 13 / 2004) und der Anthologie zum Thema Schwarz des Fragil Verlags, 2003.

Ina Gaworzewski aus Berlin (Deutschland)

1972 in Berlin geboren; Studium der Architektur; Auslandsaufenthalt in Afrika; arbeitete unter anderem als: Kellnerin, Tänzerin, Schauspielerin und Kunsthandwerkerin. Veröffentlichungen in: "Wortspiegel", Literaturzeitschrift, Berlin 2003; "Kurzgeschichten", Literaturzeitschrift, Lichtenau 2004; "Rätselhafte Phänomene", Anthologie Düsseldorf 2004; "Das Magazin", www.dasmagazin.de, Zeitschrift, Berlin 2004; "Klivuskante", Zeitschrift für Literatur, München 2004. Preise: 3. Platz des Anthologiewettbewerbs "Rätselhafte Phänomene". Mitglied der Lesebühne "Sinn & Voll", Berlin.

Daniel Gräfe aus Chemnitz (Deutschland)

Geboren 1971 in Biberach/Riß, ist Kulturredakteur und lebt in Chemnitz. In Tübingen Zivildienst und Studium der Geschichte, Germanistik und Anglistik sowie Studio Literatur und Theater. MA Translation Studies and Comparative Literature in London. Verschiedene Preise/Stipendien.

Roman Gutsch aus Wien (Österreich)

Geboren 1973, beschäftigt im Archiv des Naturhistorischen Museum Wiens, veröffentlicht seit 2002 literarische Arbeiten in Zeitschriften und Anthologien.

Josef Herzog aus Salzgitter (Deutschland)

Geboren 1960 in Seesen, wohnhaft in Salzgitter, Dipl.-Verwaltungswirt, Veröffentlichungen in Anthologien und Literaturzeitschriften. Buchveröffentlichung: "Grenzlandbesuch - Märchen und andere Absurditäten" - Appelhans-Verlag. Preisträger des Literaturwettbewerbes der Braunschweigischen Landschaft 2001 und des Norddeutschen Büchertages 2004.

Stefan Heuer aus Burgdorf (Deutschland)

Geboren 1971 in Großburgwedel, Beschäftigung in der Kulturarbeit der Stadt Burgdorf. Veröffentlichung von Lyrik, Prosa, Rezensionen, experimentellen Kurzdramen und Grafik in zahlreichen Literaturmagazinen (unter anderem in Podium, Noisma, Das Gedicht, Faltblatt, Libus, Ratriot) und Anthologien, zuletzt: "Ye No.10" (Edition YE, 2003), "SUBH - greatest hits" (Verlag Andreas Reiffer, 2003), "Zeit. Wort." (Landpresse, 2003), "NordWest-SüdOst" (Edition YE, 2003), "Vertraulich" (edition elf, 2004), "Verszeit 2005" (Lyrikforum Köln, 2004), "Ye No.11" (Edition YE, 2004). Einzelpublikationen: diverse Hefte im Eigenverlag, weiterhin: "gezeiten an land", Gedichte, 1997 (edition elf; 2. Auflage 2001); "das gute geschäft", Gedichte, 2002 (Parasitenpresse Köln); "strobe cut - Gedichte zu Filmen von Andy Warhol", 2004 (edition roadhouse). Songtexte. Regelmäßiges Literaturradio (gemeinsam mit Henning Chadde). Malerei, Grafik und Collagen.

Dieter Hischmann aus Ramkvilla (Schweden)

1945 in Karlsruhe geboren. Veröffentlichungen in Zeitschriften und Anthologien in Schweden selt 1999.

Dr. Patrick Hofmann aus Athen (Griechenland)

Geboren am 24.12.1971 in Borna (Sachsen). 1991 - 1998 Studium der Philosophie, Geschichte und Germanistik in Berlin, Leipzig, Paris, Moskau und Strasbourg. 1999 - 2002 Dissertation über Husserl in Berlin: "Phänomen und Beschreibung" (München: Fink, 2004.). Seit 2002 in Athen und verheiratet.

Evelin Juen aus Imst (Österreich)

Geboren 1964 in Imst/Tirol. Kunstgeschichte und Archäologiestudium. Diplomarbeit mit dem Thema: Anton Christian "Wort und Bild". Diese erschien 1996 im Haymonverlag unter dem Titel: Anton Christian "Das Malen, das Schreiben". 10 Jahre Tätigkeit im Buchhandel. Mitarbeit als freie Autorin für Zeitungen, Zeitschriften und bei Buchproduktionen. Kulturarbeit für Galerien und im Museumsbereich, Katalogtexte, Reden. Seit 2001 als freiberufliche Autorin (Prosa/Lyrik) und Journalistin (Reise/Kultur/Soziales/Umwelt), tätig. Arbeit als Texterin und Sängerin zusammen mit ihrem Mann. Als Malerin Ausstellungen in Freistadt/OÖ, in der Wagnerschen Unibuchhandlung Ibk, Kunststrasse Imst. Ausgedehnte Reise nach Asien, Südamerika und Afrika. Bisherige literarische Auszeichnungen und Veröffentlichungen: 2. Platz beim Poeticus Literaturwettbewerb 2002/3 mit dem modernen Märchen "Wasserfall"; Gewinnerin des Publikumpreises beim 8. Wiener Werkstattpreis 2003 zum Thema "Grenzen". Eingereichte Arbeit: "Grenzenlos der dunkle Mond. Für Amelie F."; Lyrik-Anthologie "Liebe", Schmöker Verlag; Hörfunk, Ö1, Reihe "Texte", August 04: "clandestini". Veröffentlichungen in Print und elektronischen Medien (Auswahl): Kulturberichte des Landes Tirol; Alpenvereinsmagazin; Stadtbuch Imst. Profanarchitektur; Oberländer Rundschau; Journal Tirol; Tirolerin; Abenteuer und Reisen, Reisemagazin; Schwarzaufweiss, Internetreisemagazin; Alpenjournal; Poeticus, Literaturmagazin; Panorama, Indonesienmagazin; Chronika, Griechenlandmagazin.

Adrian Kasnitz aus Köln (Deutschland)

Geboren 1974. Studium der Geschichte und Literaturwissenschaft in Köln und Prag. Zahlreiche Veröffentlichungen von Prosa, Lyrik, Essays und Fotografien in verstreuten Medien. Herausgeber von Anthologien, der Zeitschrift: "Kolon" (1997-2000) und der edition "parasitenpresse". Einzeltitel: "Die Maske und zwei weitere Geschichten", Sukultur, Berlin 2004; "Reichstag bei Regen", Lyrikedition-2000, München 2002; "Lippenbekenntnisse", parasitenpresse, Köln 2000.

Myriam Keil aus Hamburg (Deutschland)

Geboren 1978 in Pirmasens; Studium in Münster, Januar 2001 Abschluss als Dipl.-Finanzwirtin (FH); als Zollinspektorin in Hamburg tätig; seit 2003 Mitglied der Hamburger Autorengruppe "jetzt"; Veröffentlichungen in Anthologien und Literaturzeitschriften, z.B.: "Gefühle eines endlosen Tages", Kurzprosa, veröffentlicht in: "Auf Augenhöhe - Jahrbuch für Literatur 9", Verlag Brandes & Apsel 2002; "Die erste Sekunde der Ewigkeit", Romanauszug, veröffentlicht in: @cetera, Ausgabe 15, März 2004.

Andreas Kirn aus Bietigheim (Deutschland)

Geboren am 21.03.1972. 1989 Realschulabschluss, danach Ausbildung zum Bürokaufmann. Schreibt sehr gerne phantastische Geschichten in der eine Bedrohung in die alltäglich erscheinende Welt einbricht und Naturlyrik. Nebenher photographiert er Pflanzenmotive.

Bettina Krochmann aus Buxtehude (Deutschland)

Geboren am 2. August 1967 in Buxtehude. Studium der Betriebswirtschaftslehre in Lüneburg. War berufstätig im Bereich Marketing und PR. Seit 1993 Hausfrau und Mutter. Lebt mit Ehemann und Kindern in Buxtehude. Erste Veröffentlichung eines Gedichts im Alter von 15 Jahren in einer Jugendsendung des NDR (Radio). Aktuell: Veröffentlichungen in Anthologien.

Katja Laube aus Dortmund (Deutschland)

Am 22.10.1978 in Dotmund-Lütgendortmund geboren; 1989 Besuch des Max-Planck-Gymnasiums Dortmund; 1994 erste Teilnahme an einem Literaturwettbewerb; 1996 Gewinn einer der vierten Preise für die Klassen 11 bis 13 beim 1. Dortmunder Literaturwettbewerb zum Thema "Begegnungen", der Beitrag erschien in der anlässlich des Wettbewerbes veröffentlichten Anthologie; 1998 Abitur, Antritt einer Ausbildung zur Fachangestellten für Medien- und Informationsdienste bei der Universitätsbibliothek Dortmund; 2001 Abschluss der Ausbildung und Übernahme durch den Ausbildungsbetrieb, Bezug einer gemeinsamen Wohnung in Dortmund-Mitte mit dem Lebenspartner; Sommer 2003 Heirat; 2004 Vortrag eines Wettbewerb-Beitrages in einer Lesung im Rahmen eines Literaturwettbewerbes des "LesArt-Festivals" in Dortmund.

Susanne Lederle aus Berlin (Deutschland)

Susanne Lederle wurde am 20.02.1980 als jüngstes von vier Kindern in Dortmund geboren. Dort besuchte sie die Grundschule und das Gymnasium das sie 1999 mit dem Abitur abschloß. Anschließend nahm sie an der Universität Bonn ihr Studium der Neueren deutschen Literatur und der Philosophie auf. Nach dem Abschluß des Grundstudiums wechselte sie 2002 an die Freie Universität Berlin um dort den Abschluß zu machen.

Katja Leonhardt aus Ingolstadt (Deutschland)

1974 in Kaiserslautern geboren, Studium der Germanistik und Sozialpsychologie an der Universität des Saarlandes (M.A.), zunächst in PR und Projektmanagement, momentan Arbeit an einer literaturwissenschaftlichen Dissertation. Zwei Jahre lang in der Leitung einer regionalen Autorengruppe, Publikationen (Lyrik, Kurzprosa, Journalistisches) in Zeitschriften (Freie Zeit Art, Federwelt, Weite Welt) und Anthologien (Scharf gestochen, 17 Silben, Kussmundentführung). Mitglied im Bundesverband junger Autorinnen und Autoren.

Kerstin D. Leppert aus Hamburg (Deutschland)

1967 geboren, lebt in Hamburg und hat zwei Kinder; Abitur, Studium der Betriebswirtschaft, früher Tätigkeit im PR-Bereich; Yogalehrerin; Redakteurin des überregionalen "Kundalini YogalehrerInnenbriefes"; diverse Prosa- und Lyrikveröffentlichungen, u.a. in: Federwelt, xenien, dulzinea, Wortspiegel, Reflexe, lyrikart, macondo, Maskenball, Alstertal-Magazin, Hamburger Abendblatt sowie in Anthologien vom Benzen Verlag, Elfenfest, bookspot, Heyne, Geest-Verlag, Schmöker-Verlag u.a.; Gewinnerin beim Kurzgeschichten-Wettbewerb des Alstertal-Magazins 2003, "poetry on the cover" Juli 2004; Juli 2004: Einzeltitel "stundenkokon", Wiesenburg-Verlag; Homepage www.gedichte-pur.de seit 2001; Mitglied im Freien Deutschen Autorenverband (FDA) und bei Galerie Room 21; viele Lesungen, u.a. im Hamburger Hafenclub, Literaturhaus Kiel, Schilleroper, Artium, Wonderword (alles Hamburg), Weblesungen.

Sabina Lorenz aus München (Deutschland)

Jahrgang 1967. Nach Realschule und Fachabitur Studium der Sozialpädagogik von 1989 bis 1995. Seither in der Flüchtlingsarbeit, als Streetworkerin, auf einer Kinderkrebsstation und in einem Schulprojekt im indischen Himalaya tätig. Freie Publizistin. Drittplazierte beim Uslarer Literaturpreis (2002); Haidhauser Werkstattpreis (München 2003); 1. Preis beim International Poetry Competition (Dublin 2002 und 2003); Stipendium des Literaturhaus Berlin (2004); Freie Mitarbeiterin beim Münchner Stadtanzeiger 1996/1997. Bisherige Veröffentlichungen in Anthologien und Zeitschriften, zuletzt: "Sie sammelt Blau", Lyrik, in "Dem Krebs zum Trotz"; "Phönix Goodbye", "Gott im Gras", "Sylvia auf dem Dach", "Coming Up To The World", Kurzprosa und Lyrik, in: "bläuliches"; "Laub auf den Bänken" Lyrik, in "Dulzinea" Nr.5, 2003; "Winderlied am Nitgeort", "Rotgesinn für Lauderkröt", Lyrik, in: "außer.dem" Nr.11 / 2004; "Ediths Liebe", Kurzprosa, in: "BISS-Magazin" 04 / 2004; "Mehrkomponentenkleber für drei Stimmen und eine Putzfrau" und "Konfession einer Kaffeefahrt und deren Büfett", Lyrik, in "ndl" August / 2004.

Dr. Andrea Gabriele Mandl aus Tübingen (Deutschland)

Andrea Gabriele Mandl, Mag.Dr.phil., Mutter eines 13jährigen Sohnes, ledig. Geboren am 12.07.1973 in Zams in Tirol. Seit Juli 2004 in Tübingen. Ausbildung: Hotelfachschule, dann Studium der Deutschen Philologie, Politikwissenschaft, Komparatistik und Romanistik (Spanisch), Abschluss 2003, Promotion mit Auszeichnung (Fachbereich Linguistik). Letzte Tätigkeit: Assistenzprofessorin f. Deutsche Sprache an der Northern State University, South Dakota, USA. Bisherige Literaturpreise: 1. und 3. Preis im Rahmen des Theaterstück-Wettbewerbs des Gymnasiums Adolf-Pichler-Platz - 1995; Veröffentlichung und Prämierung diverser Gedichte in "My Way" - seit 1993. 1. Tiroler Landesförderpreis für Nachwuchsautoren, Bereich Feuilleton - 2002; 2. Preis der Stadt Bozen für experimentelle Literatur - 2003; 2. Preis "Zukunftstexte 2004" in der Kategorie "Kurzgedicht" - 2004.

Bernhard Mathias Maurer aus Graz (Österreich)

Geboren am 11.3.1977 als Sohn von Renate und Bruno Maurer, wenig später auf den Namen Bernhard Mathias getauft. Aufgewachsen in Rattendorf (Österreich). Die Pflichtschule in einer nahe gelegenen Stadt absolviert und darauf in einer etwas entfernteren zum technischen Zeichner ausgebildet. Nach der Ableistung der Staatspflicht Studium der Architektur an der technischen Fakultät Graz. Auslandsstudien in Dänemark und Schweden.

Timothy McNeal aus Alzey (Deutschland)

1944 in Russland geboren. Anglist. "Von Erewhon nach Xanadu", Gedichte / A / 1981; "Saisonale Einwürfe", Gedichte / D / 1991; "Albedo", Gedichte-Poems / D / 1993; "Twilight", Poems / USA / 1996; "Bensons Nachlass", SF-Novelette / D / 1996 / CD-ROM; "Die Farbe des Schwefels", SF-Novella / D / 1997; "Der Tod der Physiker", Science-Thriller / D / 1998; "Das Grab des Fürsten", Fantasy-Krimi / D / 1999; "Die ChronosChronik", SF-Novella / D / 2000; "Equinox", SF-Roman / D / 2001; "Die VorholzFürstin", Fantasy-Krimi / D / 2002; "Das PointZero Experiment", SF-Novella / D / 2003; "RheinhessenKelten", Fantasy-Krimi / D / 2004 (http://nitzscheverlag.de.vu). "Timeless Without Time", Poems / USA / 2002 (www.shadowpoetry.com). "Zwischen zwei Zügen", KurzgeschichtenKollektion / D / 2000 / eBook; "ParaLyriks", Gedichte-Poems / D / 2000 / eBook (www.onlinebookdirekt.de). Featured Poet 1995 / USA; Freiburger Geschichtenpreis 1997 / D; Featured International Writer 1997 / USA; literature.de-Lyrikpreis 2000 / D; The Zone Poetry Contest Winner 2001 / USA; The Poet's Award 2002 / USA; Stockstädter Literaturpreis 2002 / D; The Arts Angels Poetry Competition Winner 2002 / CDN; woertlichkeiten.de-Lyrikpreis 2004 / D.

Daniel Mylow aus Hof (Deutschland)

Geboren 1964 in Stuttgart. Nach 14 Umzügen quer durch die Republik seit 2003 in Kassel. Studium der Germanistik + Medien, Psychologie und Philosophie in Bonn und Marburg, 1995 Magister-Abschluss und begonnene Promotion. Tätigkeit als freier Verlagslektor, Korrektor und Selbstständiger in Marburg. Seit 2003 am Lehrerseminar für Waldorfpädagogik in Kassel, zeitgleich Ausbildung zum Poesiepädagogen am Institut für Kreatives Schreiben. Seit 2004 Oberstufenlehrer an der Freien Waldorfschule Hof. Zahlreiche Veröffentlichungen in Literaturzeitschriften (u.a. MACONDO, STERZ, PODIUM, NEUE SIRENE, DECISION,ZEITRISS) und Anthologien. 5 Literaturpreise (FDA Wettbewerb Jugend schreibt 1995, sportart-BVjA 1996, stellwerk 2003, blätterweise 2004, Wiener Werkstattpreis-Etappenpreis für Kurzprosa 2004, fragil-Preis "Namenlos" 2004, Buch Habel Kurzkrimipreis, Wiesbaden 2004). In der Reihe EXKURS im Autorenverlag Matern, Duisburg 1997, ist eine kleinere Sammlung von Kurzprosa (Daniel Mylow: Kurzprosa) erschienen. Im Februar 2004 ist das Buch "Im Garten des Zauberers-Tangogeschichten" im nADA-Verlag Kastl erschienen. Mitglied im Bundesverband junger Autoren.

Nadine Vanessa Neuburg aus Oer-Erkenschwick (Deutschland)

Geboren am 30.03.1976. Nach Beendigung ihrer Ausbildung zur Medien-Designerin 1998 hat sie zunächst im Raum NRW einige Jahre in ihrem Beruf gearbeitet.Im Jahr 2001 hat sie zusätzlich eine 4-monatige Weiterbildung in Web-Design und ECommerce in New York absolviert. Nach ihrer Rückkehr hat sie weitere 2 Jahre in ihrem Beruf gearbeitet, überwiegend in NRW, aber auch in Berlin, wobei sie zunehmend feststellen musste, dass ihr Interesse immer mehr vom Grafik Design in den Bereich Theater, Film und Journalismus überlief. Im März 2004 hat sie ihren Medien-Designer-Job beendet und ist für ein Jahr nach Sydney gegangen. Sie hat in diesem Jahr bei einer australischen Familie als Nanny gearbeitet und dadurch die Möglichkeit gehabt kontinuierlich englisch zu sprechen. Sie hat die Zeit ebenfalls genutzt um einige Kurse ihres Interesses zu besuchen, wie z.B. Englisch, Schauspiel und einen Creative Writing Course an der University of NSW. Nadine Vanessa Neuburg war zum Zeitpunkt des Wettbewerbs 28 Jahre alt. Sie interessiert sich neben Musik, Theater, Film und Journalismus für das Leben in Großstädten.

Bärbel Niklas aus Eberbach (Deutschland)

Alter: 59 Jahre; Beruf Sekretärin, Arztsekretärin/-helferin, noch berufstätig. Freie Mitarbeiterin bei der Stadtzeitung, verheiratet und begeisterte Großmutter von 10 Enkeln.

Frank Norten aus Sant Josep (Spanien)

Geboren 1952 in Köritz, Mark Brandenburg. Arbeit als Hilfspfleger in einem Krankenhaus. Medizinstudium in Ostberlin. Ausreise aus der DDR. Facharzt für Neurologie und Psychiatrie. Promotion über den Selbstmord bei Schizophrenen. Langjährige ärztliche Tätigkeit an mehreren Nervenkliniken in Berlin. Leitung einer psychiatrischen Institutsambulanz. Seit 1999 auf Ibiza. Bisherige Veröffentlichungen: In Zeitschriften ("Passagen", "Zenit", "Ostragehege", "Ort der Augen") und in der Anthologie "Heiss auf Dich, 100 Lock- und Liebesgedichte" (herausgegeben von Anton G. Leitner u. Anja Utler, dtv, München 2002). Gedichtbände: "Die Braut im Höllenhimmelsschloss", 1997; "Rauch aus meinem Mund", 2000; "Die Frau von Capri", 2002. Übersetzt ins Polnische: Frank Norten "Jestesmy wygnancami", erschienen mai 2004 im Verlag Miniatura, Krakau (Nachdichtungen von Leszek Szaruga, Warschau). Verschiedene Lesungen in Deutschland, Österreich und Polen.

Rüdiger Oberschür aus Giessen (Deutschland)

Geboren am 29.10.1979. Abitur 1999. Zivildienst beim Paritätischen Wohlfahrtsverband. Theaterarbeit (Vorsprechen, Workshops, Hospitanzen, Engagements) u.a. am Schauspielhaus Hannover, den Städtischen Bühnen Kiel und dem Schauspiel Frankfurt; Besuch der Schauspielschule Kiel bis Mai 2001. Ab WS 2001 Studium der Angewandten Theaterwissenschaften an der Justus-Liebig-Universität Giessen - Szenische Projekte und journalistische Seminare u.a. bei Heiner Goebbels, Marc von Henning, René Pollesch, Renate Klett und Georg Seeßlen. Freier Journalist für verschiedene Magazine und Tageszeitungen im Raum Giessen / Marburg. Hospitanzen im Feuilleton der Hannoverschen Allgemeinen Zeitung und bei 3sat / Kulturzeit. Seit August 2004 als Textpraktikant bei McCann Erickson, Frankfurt. Eigene Veröffentlichungen in Anthologien und Literaturzeitschriften u.a. "Nagelprobe" und "syntax.acut".

Mario Osterland aus Holzthaleben (Deutschland)

Geboren im Januar 1986 in Thüringen. Mario arbeitet neben seinen lyrischen "Versuchen" ebenfalls an Aphorismen, Kurzprosa und Erzählungen. Diverse Gedichte und Texte wurden bereits in Anthologien veröffentlicht. 2004 erhielt er einen Preis beim Literaturwettbewerb der Heinrich-Böll-Stiftung Thüringen e.V..

Sonja Röder aus Bonn (Deutschland)

Jahrgang 1964. Sonja Röder hat lange Jahre als Pressesprecherin und Lektorin gearbeitet (Luchterhand, Artemis & Winkler et al.). Ein paar unselbständige Veröffentlichungen, ein paar Preise (Münchner Literaturstipendium, Breitbach-Förderpreis, Paul-Maar-Stipendium für ein Jugendtheaterstück, Teilnahme in Klagenfurt beim Bachmann-Wettbewerb usw.).

Monika Reichel aus Recklinghausen (Deutschland)

Am 4. Januar 1978 als älteste Tochter des Diplom-Ingenieurs Volker Reichel und der Grundschullehrerin Helga Reichel, geborene Buchwald, in Recklinghausen geboren.
Nach 4jähriger Grundschulzeit und anschließendem Besuch der Realschule, legte sie 1997 die Prüfung zur Erlangung der allgemeinen Hochschulreife am Recklinghäuser Freiherr-vom-Stein-Gymnasiums ab. Mit dieser Qualifikation erschloss sich ihr die Zugangsberechtigung zum Lehramtsstudiengang für allgemeinbildende Schulen der Sekundarstufe I/II in den Fächern Germanistik und Pädagogik an der Ruhr-Universität Bochum, den sie 2002 nach der vorgesehenen Regelstudienzeit und zwischenzeitlich absolvierten Latinum mit dem ersten Staatsexamen zu einem erfolgreichen Ende geführt hat. Entgegen ursprünglicher Intention ist Monika Reichel danach nicht ins Referendariat eingestiegen (Erfahrungen während dreier Praktika ließen sie zu diesem Entschluss kommen), sondern widmete sich seitdem unter der Betreuung von Frau Prof. Dr. Käte Meyer-Drawe an der Ruhr-Universität Bochum ihrer Dissertation, die sie im Rahmen des Promotionsstudiengang Pädagogik zu dem Titel "Verstrickt in sich und über sich hinaus. Der Mensch als Grenzgänger seiner selbst" und Bezug nehmend auf die Themenkomplexe "Bildung und Identität in postmodernen Sinnzusammenhängen" verfassen möchte. Als literarisches Genre hat sie Lyrik schon während ihres Germanistikstudiums fasziniert und dementsprechend hat sie mit wachsender Begeisterung an dem ausgeschriebenen Wettbewerb teilgenommen.

Rotraud Sarker aus Guildford (England)

Geboren 1942 in Detmold, Lyrikerin und freischaffende Künstlerin. Lebt in der Nähe von London, England. Veröffentlichungen in deutschsprachigen Zeitschriften, Zeitungen und Anthologien, z.B. "Neue Zürcher Zeitung", "Neue Sirene", "ndl", "Macondo", "orte", "Erostepost", "Hessischer Literaturbote". Buchveröffentlichungen: "Weisse Trauben", Gedichte, Otto Müller Verlag, Salzburg (1989) und "Die Farben des Windes" im selben Verlag (1994). Zweiter Platz im Lyrikwettbewerb "Lyrik 2000 S" für das Jahr 2002. HohenzollernPoesiePreis, München, 2003.

Claudia Schattach aus Berlin (Deutschland)

1967 in Bayern geboren. Nach Notargehilfinnenlehre und zwei Jahren Berufstätigkeit, Abitur auf dem zweiten Bildungsweg. Danach ausgiebiges Studium in den Fächern Allgemeine und Vergleichende Literaturwissenschaft, Soziologie und Französisch in Bayreuth, Berlin und Lyon, fasziniert u.a. durch Tätigkeit im Buchhandel. Einjähriges Volontariat im Lektorat eines Münchner Verlags. Veröffentlichungen bisher in: "Maskenball" 37 / 2002; "Federwelt" 35 / 2002; Anthologie "Die literarische Venus", Dorsten 2003; Anthologie der Bibliothek deutschsprachiger Gedichte "Ausgewählte Werke VII" München 2004.

Kathrin Schultz aus Berlin (Deutschland)

Im März 1979 in MeckPomm geboren, logiert seit inzwischen sechs Jahren in der (nicht immer) schönen Landeshauptstadt Bärlin (so urteilt sie selbst), wo sie in jeder freien Minute - wenn sie nicht gerade so tut, als würde sie Sozialpädagogik studieren (auch ihre eigenen Worte) - dichtet und mit Wörtern jongliert, um immer mehr ihrer Kritzeleien unter die Menschheit zu bringen (ebenfalls ...;-)

Emil Schwarz aus Schönenwerd (Schweiz)

Geboren 1944, freier Schriftsteller und Künstler. Er lebt als Deutscher vor allem in der Schweiz, wo er seine Sprach- und Kunsterfahrung während Jahrzehnten auch anderen weiter gegeben hat. Seine Lehrtätigkeit hat immer den Grundsatz gehabt: Nicht Nachahmung führt zur Kunst, sondern nur die Entwicklung, die sich der Selbsterkenntnis verdankt. Er schrieb einige Dutzend Bücher, die er aber nur in kleinen Auflagen im Kontext seiner Vermittlungsarbeit herausgab. Es handelt sich dabei insbesondere um Dichtungen und um philosophische und kunsttheoretische Texte. Seit 2004 ist Emil Schwarz dabei, den Sprung in den Raum der Öffentlichkeit zu machen und seine Sprache und seine Bilder in diesen hineinzugeben.

Cristiane Schwarze aus Homberg (Deutschland)

Geboren 1960 in Uslar, lebt in Homberg / Ohm. Mitglied im Verband Deutscher Schriftsteller und der Hessischen Literaturgesellschaft. Von 1997 - 2004 erschienen fünf Bücher im Mauerverlag, teilweise auch zusätzlich in Braille-Schrift und als Hörbuchversionen (Deutsch Blindenbibliothek Leipzig und Deutsche Blindenstudienanstalt Marburg). Weiterhin erschienen zusätzlich ca. 200 Einzelveröffentlichungen in Literaturzeitschriften und Anthologien im In- und Ausland. 2000 Anerkennungspreis im Rahmen des Wolfener Literaturpreises, 2001 Siegerin beim Wettbewerb der bench-press "Story des Monats", 2003 Nominierung für Friedrich-Glauser-Kurzkrimi-Preis. Über 100 musikalisch inszenierte Lesungen im gesamten Bundesgebiet. Medienpräsenz in Radio- und Fernsehsendungen. http://Christiane-Schwarze.de.

Barbara Holstein Seifert aus Marburg (Deutschland)

1956 geboren in Bramsche, Niedersachsen, freie Lektorin und Poesiepädagogin. Beruflicher Werdegang: Studium der Literatur- und Sprachwissenschaft, Pädagogik, Biologie, Medizin. Magisterabschluß mit einer Arbeit über "Das Thema Liebe in Christa Wolfs Werk". Ausbildung zur Buchhändlerin und Yogalehrerin. Leiterin von Schreibwerkstätten und des im Juni 2002 gegründeten Vereins Schreibwerkstatt Marburg e.V.; kreatives Schreiben mit Schulklassen und Studierendengruppen, autobiographisches Schreiben mit Senior/inn/en. Sommersemester 2003: Lehrauftrag für kreatives Schreiben (Projekt "Books Writing") am Fachbereich Theologie der Phillips-Universität Marburg. Verschiedene Veröffentlichungen, z.B.: "Unbeschreiblich weiblich", "Nicht wie immer", "Jüngere und Ältere im Dialog", "Blick übers Eis" und "Triebfeder".

Elke A. Sommer aus München (Deutschland)

1956 in Franken geboren, lebt, seit dem Studium der Germanistik und Geschichte an der Ludwig-Maximilians-Universität, in München. Während eines sozialen Vierteljahrhunderts studierte die Autorin Creative Writing u.v.a. bei Robert Schindel, Jens Sparschuh, Daniel Kehlmann, Petra Morsbach, Ulrike Draesner, Doris Gercke, Dagmar Leupold. Im Jahr 2004 gewichtete die Autorin ihre Prioritäten um und trat mit ihren Arbeiten an die Öffentlichkeit. Zahlreiche Kurzgeschichten und Lyrik sind erschienen, Elke A. Sommer gewann den Haidhauser Werkstattpreis 2004 für Literatur, ist Mitglied des FDA und Mitglied des Paul Klinger KSW.

Thorsten Trelenberg aus Schwerte (Deutschland)

Im Mai 1963 geboren. Nach turbulenten Kinderjahren durch Grund- und Realschule gekämpft (eigene Beschreibung) und es bis zur mittleren Reife geschafft. Die weiteren Lebensjahre wurden durch eine kaufmännische Ausbildung, sowie durch diverse Jobs (Angestellter, Vertreter, Rettungsassistent, Berufsfeuerwehrmann) geprägt. Mitte der neunziger Jahre des letzten Jahrhunderts kommt es zu ersten schriftstellerischen Ambitionen. Neben zahlreichen Veröffentlichungen in Tageszeitungen, Fachzeitschriften und mehreren Anthologien, blickt Thorsten Trelenberg heute mit seinen drei Töchtern auch auf die Veröffentlichung von fünf Gedichtbänden und einem Bilderbuch zurück.

Beate Ullrich aus Arnsberg (Deutschland)

1955 geboren; 1974 Abitur in Altensteig / Schwarzwald; 1974-1977 Studium an der Fachhochschule für Bibliothekswesen Stuttgart; verheiratet, 3 Kinder; Beruf: Diplom-Bibliothekarin; seit 1993 Gedichte; seit 2000 Kurzgeschichten; Außerdem Andachten, Liedbesprechungen, Glossen; Diverse Veröffentlichungen in der kirchlichen Presse (Kurzgeschichten, Liedbesprechungen); Arbeitshilfen des Evangelischen Posaunendienstes in Deutschland (Andachten, Gedichte); Internet (Andachten, Glossen); Neben dem Schreiben Rezitationen, Kirchenmusik.

Andreas Upit aus Eressen (Deutschland)

Geburt 1969. Studium der Evangelischen Theologie, Philosophie, Germanistik und Latein. Seit 2003 Lehrer, 2 Kinder. Verschiedene Veröffentlichungen und Preise (Federwelt, Unicum, Literatenohr etc.).

Susanne Wagner aus Budapest (Ungarn)

Geboren 1976 in Wertingen. Mittlerer Schulabschluss 1993. Auslandsaufenthalt In London von 1994 bis 1996. Rückkehr nach Deutschland. 1999 Abitur in Augsburg und Aufnahme des Philosophiestudiums in Bamberg. 2000 bis 2003 Lehrtätigkeit als studentische Hilfskraft. Seit Februar 2003 Stipendium der Heinrich-Böll-Stiftung zur Unterstützung der schriftstellerischen und philosophischen Arbeit. Lebt seit September 2003 in Budapest. Preise und Veröffentlichungen: Zweiter Preis des Wiener Werkstattpreis 2000 In der Rubrik Lyrik; "Wildes Kurzes Kind" in "Zeitriss" 2 / 1996 und "Wolken" in "Zeitriss" 4 / 1996; "rückengekehrt" in der Nationalbibliothek deutschsprachiger Gedichte "Ausgewählte Werke V" 2002 und "Die Faust" in "Ausgewählte Werke VI" 2003; "Die Marktfrau" in Pester Lloyd (Deutschsprachige Zeitung Ungarns) Nr.46 / 2004.

Dr. Rainer Wedler aus Ketsch (Deutschland)

Jg. 1942, nach dem Abitur als Schiffsjunge in der Türkei, nach Algerien und Westafrika. Studium: Germanistik, Geschichte, Politik, Philosophie. Promotion über Burleys "Liber de vita". Lyrik Kurzprosa, Roman. Verheiratet, zwei Söhne. 1995 "Die kaschubische Wunde" Roman; 1999 "Die Befreiung aus der Symmetrie" Roman und "Das viagrinisch Trostbüchlein" Bibliophiler Text (Pseudonym: Renarius Flabellarius); 2000 "Zwielichtzeit" Roman und "Die Katze" 7 Kurzgeschichten; 2001 "Svenborg. Skovsbostrand 8" Gedichte; 2003 "Die Farben der Schneiderkreide" Roman.Mitarbeiter (u.a.) bei: orte / Allmende / INN / Texttürme / DIE HOREN / neue deutsche literatur / DAS GEDICHT. 1992 Hafiz-Preis; Mitbegründer der HIRSCHSTRASSE; 1993 Anerkennungspreis der UNESCO Burgenland; 1994 Finalist beim Lyrikpreis Meran und Aufnahme in INTERCITY (Luxenburg - Kulturhauptstadt Europas); 1996 Stadtschreiber von Soltau; 1998 Stipendiat im Brecht-Haus in Svendborg / Dänemark und 4. Preis im Wettbewerb "WEGsein" der Region Südwestfalen; 1999 Salzburger Kopfstein; 2001 Studienaufenthalt im "Haus am See" (Luzern), sowie Gastaufenthalt auf Burg Ranis (Thüringen) und Stipendiat der Villa Vigoni, Como; 2002 Gast in der Konstepidemien (Göteborg/Schweden); 2003 Cismar-Stipendium des Landes Schleswig-Holstein und Beitrag zur "Bibliothek des Aphrodite" (Goethe-Institut Nicosia); 2004 Gast im Centro Tedesco in Venedig und in der "Dichterstätte Sarah Kirsch".

Felix Weigand aus Freiburg (Deutschland)

Geboren in Mainz am 16.03.1981, Besuch der Heinrich-Mumbächer-Grundschule in Mainz 1987 bis 1991, der William-Henry-Harrison-High-School in West Lafayette (IN, USA) von Juli bis Dezember 1998, sowie des altsprachlichen Rabanus-Maurus-Gymnasiums von 1991 bis 2000 (Abitur). Nach Wehrdienstverweigerung und Ausmusterung Ableistung eines Freiwilligen Sozialen Jahres im St.-Vitus-Behindertenwohnhaus in Gießen von September 2000 bis Juni 2001; seit SS 2002 Studium der Neueren und Neuesten Geschichte, der Sprachwissenschaft des Deutschen und der Historischen Anthropologie an der Albert-Ludwigs-Universität in Freiburg. Von April bis Dezember 1999 Mitglied im "Club der jungen Dichter" in Mainz sowie aktive Mitarbeit bei der Mainzer Veranstaltungsreihe "literatour 2000" zum Thema "Fremde - Heimat - Nation" (organisiert vom Verein für Kultur und Migration in Zusammenarbeit mit der Heinrich-Böll-Stiftung) im Mai/Juni 2000. Seit 2002 ehrenamtliche Mitarbeit beim unabhängigen Radiosender "Radio Dreyeckland" in Freiburg (Kultur / Musik). Verschiedene Veröffentlichungen, unter anderem in Büchern der Nationalbibliothek des deutschsprachigen Gedichtes und Jugend-Literatur-Jahrbüchern.